AF249240

UNIVERSITÉ DE PARIS — FACULTÉ DE DROIT

LES

Industries chimiques

DE LA

RÉGION LYONNAISE

THÈSE DE DOCTORAT EN DROIT

SCIENCES POLITIQUES ET ÉCONOMIQUES

Présentée et soutenue le 24 mai 1923 devant la Faculté de Droit de Paris

PAR

René FISCH

Ingénieur des Arts et Manufactures

JURY
- M. Germain MARTIN, Président.
- M. RIST
- M. NOGARO   Suffrageants.

MACON

IMPRIMERIE GÉNÉRALE X. PERROUX ET FILS

1923

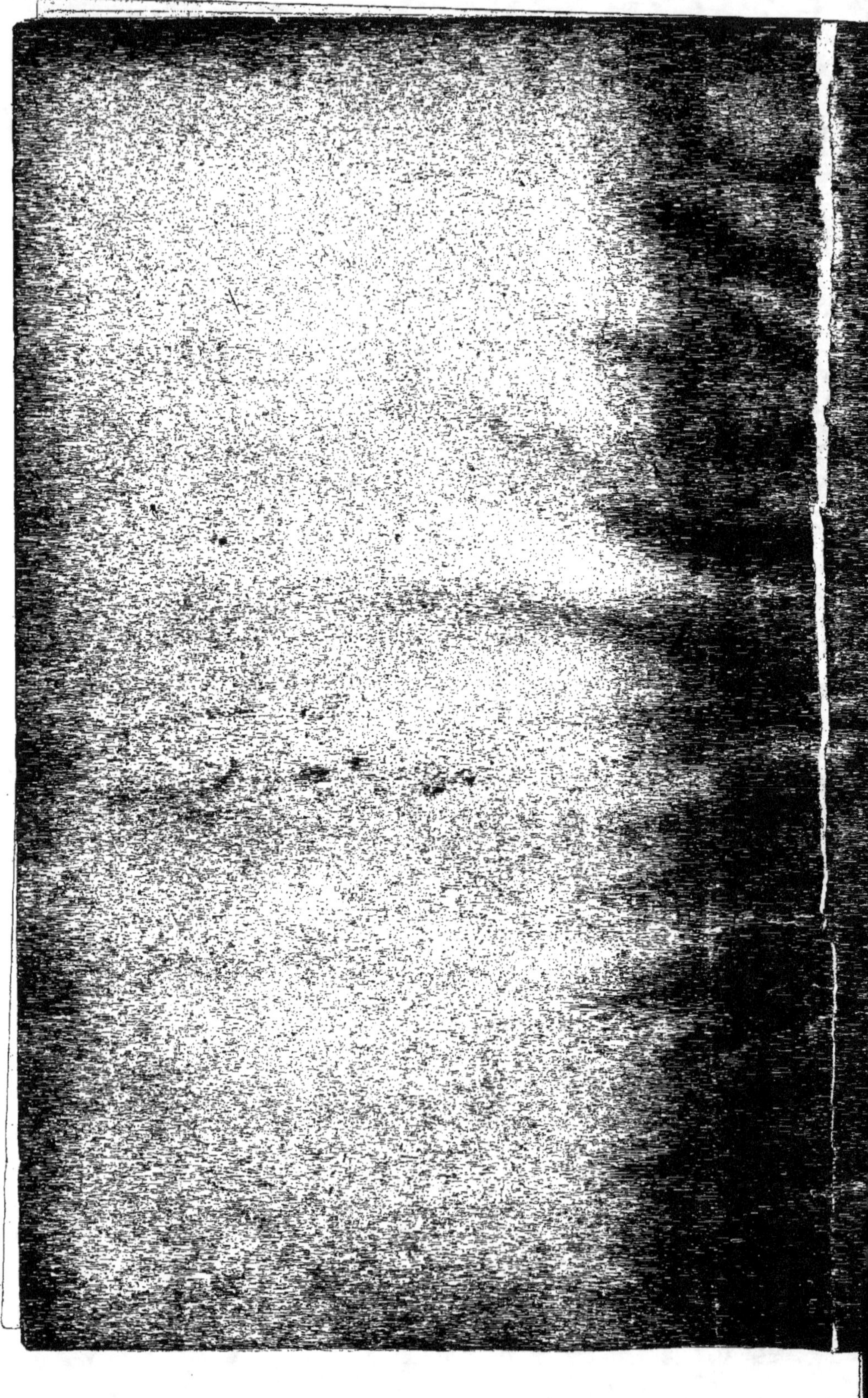

SCIENCES POLITIQUES ET ÉCONOMIQUES

LES
Industries chimiques

DE LA

RÉGION LYONNAISE

PAR

René FISCH

Ingénieur des Arts et Manufactures,

6, rue de la République, LYON.

MACON

IMPRIMERIE GÉNÉRALE X. PERROUX ET FILS

1923

PLAN D'ENSEMBLE

INTRODUCTION

I. — **LA CHIMIE EN GÉNÉRAL.**

Il est fort difficile de définir nettement quel est le domaine de la chimie dans l'activité industrielle d'un pays, car cette science, presque inexistante il y a un siècle, progresse chaque jour; elle ne se borne pas à faire naître une foule d'applications, à réaliser des produits nouveaux, mais pénétrant au cœur des industries anciennes elle leur infuse un sang neuf, leur donne une vigueur inattendue et les transforme souvent au point d'en faire de véritables industries chimiques. C'est le cas de la tannerie et de la mégisserie : la préparation des cuirs et des peaux qui, autrefois, nécessitait plusieurs mois en utilisant des écorces d'arbres, se réalise aujourd'hui en quelques jours par l'emploi de produits chimiques. Il en est de même des industries alimentaires, dont certaines branches sont purement chimiques, telles que la sucrerie, les graisses, l'alcool, l'huilerie. La chimie joue donc, dans la vie moderne, un rôle considérable. Même les industries qui ont conservé leur caractère propre, telles que la métallurgie, dont *l'existence est intimement liée à celle des mines de fer et de charbon, doivent une reconnaissance à la chimie :* c'est du jour où l'on a envisagé scientifiquement les combinaisons qui se produisent, *à l'intérieur du haut fourneau en ce qui concerne la fonte, à l'intérieur du four Martin et de la cornue Bessemer en ce qui concerne l'acier,* que les véritables progrès ont été réalisés; c'est la chimie qui fit naître l'industrie des aciers spéciaux si importante aujourd'hui et, vue sous un tel aspect, la métallurgie elle-même est une industrie chimique. Ces quelques considérations nous montrent que la chimie joue un rôle dans les branches d'activité les plus diverses, et pour apporter quelque clarté dans une question aussi vaste, proposons une classification en distinguant, d'une part, les industries qui fabriquent les matières premières, acides, bases, etc., et, d'autre part, celles qui absorbent ces matières premières pour les combiner, les transformer et réaliser une foule de produits utiles tels que le celluloïd, les engrais, la soie artificielle. Certes, plusieurs de ces industries font appel à d'autres matières premières que les produits chimiques; avant toute chose il faut, dans l'industrie tinctoriale du textile, dans la tannerie du cuir, dans les colles et gélatines, des déchets animaux; n'empêche que ces industries utilisent des quantités considérables de teintures, d'extraits tannants, d'acides. Cette consommation est un facteur important dans leur prix de revient, ce sont encore de véritables industries chimiques. Enfin, viennent de nombreuses industries qui n'utilisent plus que des quantités insignifiantes de produits chimiques, comme la papeterie, l'huilerie, la brasserie, ou même, comme c'est le cas de la métallurgie, n'empruntent plus guère à la chimie que ses méthodes; au point de vue économique ce ne sont plus des industries chimiques.

Cette classification n'a rien d'artificiel, elle nous montre une intégration verticale, depuis les fabrications chimiques qui partent de la houille ou des minerais jusqu'aux industries de transformation qui réalisent les produits finis.

II. — LA RÉGION LYONNAISE.

Ainsi définies, les industries chimiques ont une production annuelle de 8 milliards pour la France, et la région lyonnaise contribue à ce chiffre pour 2 milliards environ, mais une simple statistique des valeurs donne une idée incomplète de l'importance de cette branche d'activité dont le caractère essentiel est le rendement. Si on la compare, en effet, à d'autres industries, on est surpris de voir une valeur de production aussi importante correspondre à une main-d'œuvre aussi peu nombreuse. Ainsi, en ce qui concerne la région lyonnaise, pour une production de 2 milliards, on trouve à peine 30,000 ouvriers.

L'industrie chimique présente un autre caractère intéressant qui la rapproche des industries de luxe : c'est de produire, sous un petit volume, des valeurs considérables, ce qui présente un gros intérêt commercial. Il était donc naturel que Lyon, ville du commerce, ville des industries de luxe, soit devenue un centre de la production chimique française. Il existe, pour expliquer ce fait, des causes plus précises que nous allons essayer de dégager; mais, avant d'aller plus loin, que faut-il entendre par la région lyonnaise? Eh bien, en raison de l'étude industrielle qui nous occupe et en dehors de toute préoccupation régionaliste. nous devons tenir compte des conditions naturelles. Il est alors certain que le bassin houiller de Saint-Etienne, bien que peu distant à l'ouest de Lyon, détermine une région industrielle distincte, d'une activité toute différente, où la métallurgie domine, de même que la région des Alpes toute proche, vers l'est, avec ses nombreuses chutes d'eau, et l'abondance électrique détermine une vie industrielle encore tout autre avec l'électrochimie comme caractéristique. Au contraire, le Rhône et la Saône constituent des routes naturelles qui semblent avoir diminué les distances dans le sens du nord au sud et cela est si vrai qu'aujourd'hui encore il faut, pour aller de Lyon à Grenoble ou à Saint-Etienne, un temps double que pour aller à Valence ou à Mâcon, situés cependant aux mêmes distances.

Ce sont donc les vallées du Rhône et de la Saône, à 100 kilomètres en amont et 100 kilomètres en aval de Lyon, qui constituent véritablement la région industrielle lyonnaise.

Quelles sont maintenant les causes réelles du développement chimique extraordinaire de cette région? En nous posant cette question, nous pénétrons au cœur du sujet.

III. — CAUSES DU DÉVELOPPEMENT DE L'INDUSTRIE CHIMIQUE A LYON.

Que faut-il à une industrie quelconque pour prospérer dans une région? Deux choses : pouvoir produire et pouvoir vendre.

1° Pouvoir produire.

Il existe aux portes de Lyon, à Saint-Bel et à Chessy, les mines de pyrites les plus importantes de notre pays, elles produisent 400,000 tonnes par an alors que la production pour la France entière est de 430,000 tonnes. Encore fallait-il trouver un moyen économique d'utiliser le soufre contenu dans ces minerais qui, depuis la plus haute antiquité, étaient traités à seule fin d'en retirer le cuivre. C'est Michel Perret, de Lyon, qui, en 1836, réalisa un four très ingénieux permettant de griller les pyrites à bon marché et d'utiliser avantageusement le gaz sulfureux ainsi produit pour la fabrication de l'acide sulfurique.

Ce fut le point de départ d'une véritable révolution dans l'industrie chimique. La maison Perret acheta les mines de pyrite de la région dont la production passa de 2,000 tonnes en 1837 à 300,000 en 1900 et 400,000 aujourd'hui; puis elle fusionna avec l'importante Société de Saint-Gobain, si bien qu'en l'espace de quelques années le prix de l'acide sulfurique baissa de moitié. Or, l'acide sulfurique est comme le *pater familias* de la grande famille chimique; autour de sa production se groupent celles de tous les acides et des sels les plus importants; son prix règle l'économie de la plupart des fabrications et l'on a pu dire, sans exagérer, que sa consommation avec celle du fer et du charbon mesure l'activité industrielle d'un pays.

Autour d'une production de matières premières aussi importante, il était naturel que vienne se grouper la foule des industries chimiques dérivées : engrais, cellulose, gélatine, produits pharmaceutiques et photographiques, etc., il fallait des débouchés commodes à ces diverses fabrications et nous arrivons ainsi au deuxième élément indispensable de toute prospérité industrielle.

2° Pouvoir vendre.

A ce second point de vue, la chimie lyonnaise se trouve plus favorisée encore si possible, les industries de la région absorbant une quantité importante de produits chimiques. La soierie, établie à Lyon depuis des siècles, utilisait, pour la teinture, des produits naturels importés à grands frais des Indes, du Mexique ou d'Espagne, ce qui donnait lieu à un important commerce; puis, avec les découvertes du XIXe siècle, elle fit appel, chaque jour davantage, à l'industrie chimique qui produit aujourd'hui une variété infinie de matières colorantes. D'autre part, l'acide sulfurique très pur était, dès longtemps déjà, réclamé pour le traitement de certaines soies et ceci d'une façon si réelle que, bien avant les découvertes de Michel Perret, le soufre de Sicile raffiné à Marseille, remontait le Rhône dans de grandes barques pour venir alimenter, à Lyon, l'industrie de la vitriolerie qui a laissé son nom à tout un quartier de la ville.

De même que la soierie réclame des teintures, des acides

et des sels, les progrès de la chimie agricole, sous l'impulsion de Pierre Déhérain, la proximité des grandes plaines du Dauphiné et de Bresse développe l'industrie des engrais, tandis que la région viticole de Bourgogne, avec l'apparition des maladies de la vigne, absorbe une foule de produits nouveaux. La verrerie et la porcelainerie fournissent les récipients nécessaires au transport et à la manipulation des acides. Ces industries, déjà facilitées par la présence de kaolin et de terres alumineuses dans la vallée du Rhône, trouvent ainsi sur place un débouché important. De même la tannerie, cette vieille industrie lyonnaise, transformée par les progrès de la chimie, conduit à la fabrication d'une foule d'extraits tannants.

Toutes les branches industrielles de la région ont ainsi puissamment contribué au développement de l'industrie chimique qui, se trouvant de la sorte favorisée pour produire et favorisée pour vendre, réalisa chaque jour de nouveaux progrès. Sa diversité est incroyable et, sauf la sucrerie, l'électrochimie, l'huilerie et la distillation de l'alcool, toutes les branches de l'activité chimique sont représentées dans la région du Rhône. En juin 1922, au Congrès international de chimie tenu à Lyon, Victor Cambon disait avec raison : « Dans ma longue carrière et dans mes perpétuels voyages, j'ai eu l'occasion de voir les plus remarquables ateliers de production qu'il y ait en France et même dans le monde; eh bien, je suis en droit de déclarer qu'il n'existe nulle part en notre pays, dans le domaine des industries chimiques, d'ensemble comparable à ce qu'on peut admirer actuellement dans la région de Lyon. »

Étude des industries chimiques lyonnaises au point de vue matières premières, main-d'œuvre et moyens de production.

Nous n'avons ni la prétention ni même l'intention de faire une étude technique des industries que nous allons rencontrer; notre but est de mettre en relief les questions économiques et les questions sociales. Cependant, une vue d'ensemble sur les phases successives d'une fabrication est une chose indispensable pour mettre en lumière le rôle de la main-d'œuvre et l'importance relative des diverses matières premières; de même, la connaissance des découvertes récentes peut donner sur l'orientation de telle ou telle industrie de précieuses indications; ce sont là des éléments qui influent directement sur le cours de la production.

Quant aux conditions de la vente, elles sont à la fois moins précises et plus nombreuses. L'activité du marché dépend d'une foule de facteurs industriels, politiques, douaniers, et il est souvent difficile de dégager la part d'influence qui revient à chacun d'eux; on constate l'effet résultant mais, en pareille matière, il est impossible d'énoncer des lois : autant d'industries, autant de cas différents. Selon notre plan initial, nous étudierons d'abord les industries mères, puis les industries dérivées. Les premières servent de base aux secondes, mais selon la loi éternelle dégagée par J.-B. Say, les diverses branches de la production sont solidaires : « Que deviendraient les industries des matières premières sans les industries dérivées qui absorbent leurs produits ? » Cette influence réciproque apparaît nettement en temps de crise : « Celui qui consomme a besoin de celui qui produit autant que celui qui produit a besoin de celui qui consomme. »

I. — LA GRANDE INDUSTRIE CHIMIQUE.

Elle réalise la multitude des produits qui servent de matières premières aux industries dérivées et comprend :

a) Le traitement des minerais, pour en extraire les acides, alcalis et sels qui sont les éléments fondamentaux de la chimie;

b) La distillation de la houille, qui sert de base aux fabrications les plus importantes, engrais, matières colorantes, etc.;

c) La distillation du bois.

a) **Le traitement des minerais.**

1° LES ACIDES.

Acide sulfurique.

L'acide sulfurique contient du soufre, de l'oxygène et naturellement de l'hydrogène comme tous les acides. Le procédé de fabrication le plus ancien consiste à faire brûler du soufre pur, on obtient ainsi du gaz sulfureux que l'on envoie dans d'immenses chambres de plomb où il rencontre de l'acide azotique qui lui fournit l'élément oxygène et de la vapeur d'eau qui lui apporte l'élément hydrogène. L'acide sulfurique ainsi constitué est recueilli à la partie basse des chambres de plomb pour être ensuite concentré dans des capsules de platine. L'usine Jalabert, bien connue à Lyon sous le nom de vitriolerie, utilise ce procédé depuis 1803; c'est une des plus anciennes fabriques de France qui s'est spécialisée dans la production d'un acide très pur ne contenant pas d'arsenic. Malheureusement, ce procédé était très coûteux, le soufre venu de Sicile, raffiné à Marseille, remontait le Rhône dans de grandes barques, c'était là un long voyage; or, la région de Lyon possédait les plus riches gisements de minerais sulfurés à Saint-Bel et à Chessy. Michel Perret inventa un four permettant de griller ces pyrites qui remplacèrent désormais le soufre de Sicile pour la production du gaz sulfureux. C'était déjà une réelle économie, et la Société de Saint-Gobain, qui fusionna en 1872 avec la maison Perret, réalisa dans cette voie de nouveaux progrès. Le travail au four Perret était extrêmement pénible, l'ouvrier devait à tout instant remuer le minerai avec un ringard; aujourd'hui, dans les grandes usines de Saint-Gobain, situées à Saint-Fons, existent des fours mécaniques qui sont de grands cylindres verticaux. Le minerai est placé en couche mince sur plusieurs plateaux superposés, des rateaux métalliques le remuent et le font tomber d'étage en étage, si bien que la pyrite fraîche pénétrant à la partie supérieure sort à la partie inférieure complètement épuisée de son soufre. Là où il fallait six ouvriers il n'en faut plus qu'un seul qui, d'ailleurs, surveille simplement le fonctionnement mécanique et travaille dans des conditions d'hygiène parfaite.

Nous avons vu que le gaz sulfureux, pour se transformer en acide sulfurique, doit subir une oxydation par l'acide azotique et une hydratation par de la vapeur d'eau. Ces deux opérations avaient lieu dans des chambres de plomb et les ingénieurs des usines de Saint-Gobain essayèrent d'abord de réduire la dépense d'acide nitrique par une conduite judicieuse des appareils, en ne fournissant que la quantité strictement nécessaire à l'oxydation. Grâce aux travaux de Gay-Lussac, cette méthode fut modifiée et aujourd'hui, au contraire, on enrichit le gaz sulfureux d'un fort excès de produits nitrés en le faisant passer avant les chambres de plomb dans une tour dite tour de Glover et dans laquelle coule de l'acide nitrique. Mais à la sortie des chambres, dans une tour dite de Gay-Lussac, on récupère par dissolution dans de l'acide sulfurique concentré tous les produits nitrés qui n'ont pas servi à l'oxydation. Le rendement est parfait ainsi que l'économie.

La Badische-Anilin ayant réalisé, grâce à la présence d'un catalyseur, l'union directe du gaz sulfureux avec l'oxygène de l'air et la vapeur d'eau, la Volta Lyonnaise utilisa ce procédé dans son usine de Pierre-Bénite qui fut acquise, en 1905, par la Société de Saint-Gobain. Le catalyseur employé fut d'abord de l'amiante platinée, puis tout simplement de la pyrite grillée.

Mais l'acide sulfurique obtenu en partant des pyrites par ces divers procédés contenait toujours des impuretés provenant du minerai; or, nous avons vu que le traitement des soies exige un acide très pur exempt d'arsenic. Cette préoccupation amena la Société de Saint-Gobain à faire l'achat du procédé russe Tenteleva. Il consiste à purifier le gaz sulfureux avant de l'envoyer sur la substance catalytique en le faisant passer dans des laveurs spéciaux qui retiennent le chlore, le fluor et l'arsenic. Cette méthode présente deux avantages sérieux : le catalyseur demeure actif beaucoup plus longtemps et les acides obtenus sont très purs. Ces procédés de contact, qui réalisent la combinaison directe du gaz sulfureux avec l'oxygène de l'air, semblent plus simples et moins coûteux que celui des chambres de plomb dans lequel l'acide azotique sert d'intermédiaire comme agent d'oxydation. Cependant, on peut conclure à la prospérité des deux méthodes, la première pour obtenir les acides fumants purs, nécessaires dans les industries organiques; la deuxième pour la production d'acide dilué à 52° Baumé destiné à la fabrication des superphosphates, du sulfate de soude et du sulfate de fer.

A la veille de la guerre, la France produisait 1,625,000

tonnes d'acide sulfurique à 52° Baumé, dont 140,000 tonnes étaient concentrées pour donner 90,000 tonnes d'acide fumant à 66°. Quant à la production de 1913 par les procédés de contact en France, on peut l'évaluer à 20,000 tonnes. On peut donc prévoir qu'un jour prochain l'industrie de la concentration n'existera plus, le procédé des chambres de plomb se bornant à donner l'acide dilué et la méthode par contact fournissant tout l'acide fumant. D'ailleurs, l'industrie initiale de l'acide fabriqué en partant du soufre n'a, elle-même, pas complètement disparu car, pour obtenir de l'acide rigoureusement pur, c'est encore l'unique procédé.

Acide chlorhydrique.

Sur les huit usines de France qui fabriquent l'acide chlorhydrique ou muriatique, celle de la Compagnie Saint-Gobain, à Saint-Fons, est certainement la seconde en importance. La production résulte de la décomposition du sel marin par l'acide sulfurique; réaction qui donne aussi du sulfate de soude. Le sel employé provient uniquement des marais salants de la Méditerranée, tandis que dans les usines du Nord on utilise également du sel provenant des salines de l'Est. Actuellement, le mélange acide sulfurique et chlorure de sodium est brassé mécaniquement sur la sole tournante d'un four chauffé par foyer gazogène; il se produit d'abord du bisulfate de soude et ensuite ce bisulfate, à son tour, se décompose pour donner du sulfate et du gaz chlorhydrique dont une partie va se condenser dans de l'eau par léchage ou barbotage ; le reste est réchauffé vers 500° puis envoyé sur du sulfate de cuivre qui, par une réaction intermédiaire, facilite l'oxydation du gaz chlorhydrique et sa transformation en chlore. On peut également, pour fabriquer l'acide muriatique, partir directement du bisulfate de soude qui est un résidu très important de la fabrication de l'acide nitrique; il y a donc intérêt à grouper ces diverses productions.

L'acide chlorhydrique a de multiples emplois, tout particulièrement dans la région lyonnaise, pour le chlore, la teinture, les gélatines alimentaires et les produits œnologiques. Dans ces deux derniers cas, il faut un acide exempt d'impuretés. L'usine de Saint-Fons s'est spécialisée dans cette fabrication et élimine complètement l'arsenic en le précipitant sous forme de sulfure par un courant d'hydrogène sulfuré.

Acide nitrique.

Il est obtenu en décomposant à chaud le nitrate de soude par l'acide sulfurique; les usines de Saint-Fons utilisent le procédé Valentiner qui réalise cette décomposition sous pression réduite, permettant d'obtenir ainsi, à une température moins élevée, des acides purs. Nous avons vu que le bisulfate de soude ainsi produit peut servir de matière première dans la fabrication de l'acide chlorhydrique; quant à l'acide nitrique, ses applications sont très importantes dans les industries organiques, l'industrie du celluloïd et la fabrication des explosifs. A ce dernier point de vue, il ne faut pas oublier que le nitrate de soude nous vient du Chili et il faut prévoir le cas où, pendant une guerre, nous ne pourrions pas nous approvisionner de ce produit. Cette préoccupation a donné naissance à divers autres procédés de fabrication, soit par combinaison directe de l'azote et de l'oxygène de l'air, soit par oxydation de l'ammoniaque. C'est ainsi que Müntz proposait, en cas de blocus, d'arroser les tourbières de France avec de la chaux et du sulfate d'ammoniaque qui, grâce à une oxydation facilitée par certains microbes, se transforme rapidement en nitrate, on aurait pu en obtenir ainsi, le cas échéant, des quantités considérables.

Un problème pratique délicat se pose pour les trois acides que nous venons d'étudier : c'est celui du transport. Il s'agit de liquides corrosifs, les risques d'accidents sont sérieux et il faut des récipients spéciaux. C'est ainsi que l'emploi de l'acide muriatique a été beaucoup facilité par son transport dans des cylindres de tôle caoutchoutés intérieurement. Ce perfectionnement a été étudié par M. Boutmy, directeur de la Soudière de Saint-Fons, et exécuté par la maison Lacollonge, de Lyon. Nous arrivons maintenant à l'étude de quelques acides secondaires.

Acide carbonique.

L'usine de la Société des Carboniques liquides, située à Monplaisir, en fabrique de grosses quantités en décomposant par la chaleur du carbonate calcaire dans de véritables fours à chaux; le gaz carbonique est liquéfié par compression et détente, ce qui facilite ensuite son transport. Plusieurs industries sont tributaires de cette production, telle la fabrication de la glace, les eaux gazeuses, les vins mousseux et la brasserie. Dans les régions de l'Ouest, où se pratique en grand l'industrie de la distillerie, on recueille l'acide carbonique provenant des fermentations, produit très pur qui trouve sur place son utilisation ; ces conditions économiques ne sont pas réalisées dans la région lyonnaise; mais les industries frigorifiques s'y développent chaque jour, constituant pour la fabrication du gaz carbonique un important débouché.

Acide fluorhydrique.

Sa fabrication est une industrie de la région lyonnaise. La Société Electrochimie et Electrométallurgie, dans son usine de Pierre-Bénite, en produit des quantités importantes en décomposant à l'intérieur de cylindres en fonte le spath-fluor par l'acide sulfurique concentré, le gaz fluorhydrique ainsi produit est condensé dans de l'eau. On utilise le pouvoir corrosif de cet acide pour faire de l'impression mate sur verre ; quant à son action antiseptique, elle est mise à profit en sucrerie, en brasserie pour empêcher certaines fermentations parasitaires; on s'en sert également, comme nous le verrons, pour la fabrication de l'eau oxygénée.

2° LE PHOSPHORE.

C'est encore une industrie de traitement des minerais qui utilise nos phosphates d'Afrique ainsi que la plupart des acides dont nous venons d'étudier la fabrication. La Société des Produits chimiques Coignet, à Lyon, est de toute la France l'unique productrice de phosphore ; ce corps, d'abord obtenu en partant des os en faisant agir successivement l'acide muriatique, la chaux, l'acide sulfurique et, enfin, le charbon de bois au rouge, est aujourd'hui presque uniquement retiré du phosphate minéral tricalcique réduit par le charbon au four électrique. Les vapeurs de phosphore qui distillent sont condensées et recueillies sous l'eau. Cette production est, avant tout, destinée à la préparation du sesquisulfure de phosphore employé pour les allumettes; le phosphure de cuivre est également utilisé pour les bronzes phosphoreux.

Dans l'histoire de l'industrie du phosphore, la maison Coignet a joué un rôle prépondérant, ses procédés ont été de tous temps les plus perfectionnés et elle fabrique environ 450,000 kilos de phosphore par an; alors que la consommation en France est seulement de 30,000 kilos, l'excédent est exporté à l'étranger, particulièrement au Japon.

3° LES ALCALIS.

La soude.

On désigne sous le nom industriel de soude, le carbonate de sodium qui, avec l'acide sulfurique, est une des

matières premières chimiques les plus importantes. L'usine
de Saint-Fons, appartenant à la Compagnie Saint-Gobain,
en a fabriqué des quantités importantes par le procédé
Leblanc qui consiste à faire réagir au four le sulfate de
soude sur de la craie et du charbon. On obtenait ainsi du
carbonate de soude et des produits calcaires sulfurés nommés charrées de soude, sans utilité industrielle et qui
longtemps s'accumulèrent en véritables montagnes aux
environs des soudières. On a essayé une foule de moyens
de retirer économiquement le soufre contenu dans ces
résidus ; à Saint-Fons on appliquait le procédé Chance qui
met à profit l'affinité du fer pour le soufre, on transformait
ainsi les charrées en pyrites qui, nous l'avons vu, permettent d'obtenir l'acide sulfurique; malgré ce perfectionnement
qui améliora les conditions économiques de la production
de soude Leblanc, cette dernière dut, peu à peu, céder le pas
à la soude Solvay dite soude à l'ammoniaque. Ce procédé
consiste à faire agir la craie sur le sel marin, mais comme
la réaction ne se produit que très difficilement, on utilise
comme intermédiaire l'ammoniaque qui joue ici un rôle
comparable à celui de l'acide nitrique dans la production
de l'acide sulfurique. Grâce à ce détour, on réalise, sans
l'aide des fours, la combinaison chimique qui donne le
carbonate et c'est une grosse économie de charbon par
rapport à la méthode Leblanc.

La lutte entre ces deux procédés est une des plus intéressantes à suivre au point de vue économique. Nous avons
vu que la fabrication de l'acide chlorhydrique et de l'acide
nitrique donnait des quantités importantes de sulfate de
soude comme sous-produit et c'est là un corps qui ne
présente que peu d'utilité directe; la verrerie, la teinture
de la laine en consomment, certes, des quantités importantes, mais il en subsiste un excédent considérable, dont
la valeur marchande est très faible ; le procédé Leblanc
présente l'immense avantage, pour les grandes usines qui

groupent les fabrications d'acides, de transformer sur place ce corps encombrant en un autre, le carbonate de soude, d'un intérêt industriel de premier ordre. Cette industrie devint prospère, absorbant la majeure partie du sulfate de soude dont le prix augmenta considérablement, si bien que le procédé Solvay, qui utilise le sel marin et économise le charbon, se trouva être plus avantageux. Un équilibre s'est ainsi produit et, à l'heure actuelle, le procédé Solvay sert à la préparation des trois quarts de la soude industrielle. Que demain l'industrie de l'acide chlorhydrique et nitrique acquière une extension nouvelle, l'abondance du sulfate de soude donnera peut-être au procédé Leblanc un regain d'activité, mais grâce à l'économie de main-d'œuvre et de combustible, la soude Solvay demeurera désormais maîtresse du marché.

Nous pouvons conclure cependant que, si le procédé Leblanc doit revivre en France, ce sera dans la région lyonnaise, car la production intense d'acide sulfurique et, par conséquent, d'acide chlorhydrique et azotique, y accumule en abondance le sulfate de soude. La Compagnie de Saint-Gobain qui, depuis 1910, ne fabrique plus à Saint-Fons que de la soude Solvay, s'est spécialisée dans la production d'un carbonate très pur qu'elle utilise pour la fabrication des glaces. On sait, en effet, que la moindre trace métallique nuit à la transparence; le fer, en particulier, donne aux produits de verrerie une teinte verdâtre qui est d'ailleurs celle des bouteilles. Le carbonate de soude permet, par action sur la chaux, de réaliser la soude caustique très utile aux fabricants de savons et de matières colorantes.

L'ammoniaque.

L'ammoniaque est un corps d'une importance exceptionnelle, non seulement parce qu'il est à la base de toute une famille d'engrais dont l'emploi judicieux pourrait faire de la France un pays exportateur de blé, mais encore parce que, par oxydation, on peut passer de l'ammoniaque aux nitrates qui servent à fabriquer tous les explosifs. C'est donc un produit chimique capital qui permet à un pays à la fois de vivre et de se défendre. Cependant, la France ne produit que 200,000 tonnes environ de sulfate d'ammoniaque, 30,000 tonnes de moins qu'elle n'en consomme, et c'est avec juste raison que la Chambre des députés a décidé, le mois dernier, d'affecter l'immense poudrerie de Toulouse à cette fabrication, selon le procédé Haber. La véritable raison de cette infériorité française jusqu'à ce jour, c'est le manque de charbon et la pénurie de fours à coke. L'industrie du gaz d'éclairage a été, pendant longtemps, la source principale des sels ammoniacaux : les eaux de lavage du gaz distillées méthodiquement dans des colonnes spéciales restituent l'ammoniaque que l'on fixe sur des acides à l'état de sels. Particulièrement avec l'acide sulfurique, on obtient le sulfate d'ammoniaque, excellent engrais employé en couverture sur les blés d'automne. L'industrie du coke métallurgique nécessaire aux hauts fourneaux produit d'une manière analogue, par lavage du gaz, des quantités énormes d'ammoniaque; l'Allemagne tira de cette source une bonne partie de sa production en ammoniaque et, par suite, en nitrate, car il ne faut pas oublier qu'elle n'avait pas, comme nous, la facilité d'en faire venir du Chili.

L'industrie des vidanges a, pendant longtemps, procuré de l'ammoniaque par distillation des parties liquides nommées « eaux-vannes »; celles-ci, additionnées de chaux, en abandonnaient une quantité notable, aujourd'hui perdue avec le système du tout à l'égout. On a songé, ces dernières années, à préparer l'ammoniaque par synthèse en fixant l'azote contenu dans l'air; plusieurs méthodes ont été envisagées :

1° La méthode de la cyanamide, qui consiste à incor-

porer vers 1,000° l'azote, retiré de l'air liquide, au carbure
de calcium préparé au four électrique. Le produit ainsi
obtenu dégage spontanément de l'ammoniaque au contact
de l'humidité du sol, d'où son pouvoir fertilisant;

2° Le procédé des nitrures consiste à réduire au four
électrique, en présence de charbon et d'azote, la bauxite,
qui est un minerai d'alumine. L'azoture obtenu redonne
de l'ammoniaque en présence d'eau;

3° Enfin, le procédé Haber est, depuis très longtemps,
employé en Allemagne où il a rendu, pendant la guerre,
d'inestimables services; on a la certitude de son bon rendement et c'est pourquoi il a été choisi de préférence aux
autres pour être appliqué à la poudrière de Toulouse. La
méthode consiste à comprimer le mélange gazeux azote-
hydrogène et à le faire passer à une température de 600°
sur un catalyseur approprié. C'est ainsi qu'opère la Badische-Anilin. Comme nous l'avons vu à propos de l'acide
sulfurique, l'essentiel, en matière de catalyse, est d'utiliser des gaz très purs; l'hydrogène est obtenu par liqué-
faction partielle du gaz à l'eau (procédé Linde) et l'azote
par la distillation de l'air liquide (procédé Claude). Cette
question de l'ammoniaque est tellement à l'ordre du jour
qu'il était intéressant de donner une vue d'ensemble sur
les divers moyens de fabrication. Quels sont ceux existant
à l'heure actuelle dans la région lyonnaise ?

Depuis de longues années, la Compagnie du gaz de Lyon
traite elle-même ses eaux ammoniacales dans les quatre
usines : Perrache, La Mouche, Saint-Fons, Villeurbanne,
fabriquant ainsi du sulfate d'ammoniaque ou simplement de
l'ammoniaque Les fours à coke de la Société des Hauts
fourneaux de Chasse et de la Société chimique de Gerland
donnent, comme sous-produits, de l'ammoniaque et du sulfate d'ammoniaque. Les Successeurs de Berthelon, quelques autres usines moins importantes et surtout la Société
des Vidanges et Engrais fabriquent également, par traite-

ment des eaux-vannes, des quantités notables de sels ammoniacaux.

Mais aucun procédé synthétique n'est encore appliqué dans la région. Cependant, si l'essai de Toulouse est heureux, il n'est pas impossible qu'une usine du procédé Haber s'installe à Lyon. Ce serait chose naturelle, car l'industrie des matières colorantes qui se développe chaque jour absorbe de l'acide nitrique pour les nitrations et du nitrate de soude pour les couleurs azoïques. Quant aux plaines du Dauphiné et de la Bresse, elles constituent pour les engrais ammoniacaux un débouché important. D'ailleurs le procédé Haber trouverait facilement sur place les matières premières nécessaires : les établissements Bardot fabriquent de l'azote et de l'oxygène, et la Société de l'Air liquide possède déjà deux usines à Lyon.

Il faut surtout espérer que la métallurgie puisse se développer suffisamment pour nécessiter l'installation de nombreux fours à coke, car le jour où l'on saura retirer tout l'ammoniaque qui se dégage au cours de la distillation de la houille, cette dernière constituera une des sources ammoniacales les plus précieuses. Ceci nous conduit à étudier plus en détail cette industrie fort importante qui engendre bien d'autres richesses.

b) **La distillation de la houille.**

C'est une des industries qui donne les matières premières les plus importantes de la chimie; les explosifs, les parfums artificiels, les matières colorantes, les produits pharmaceutiques sont sous sa dépendance. Industriellement elle s'effectue de deux façons :

1° Dans les cokeries, pour la fabrication du coke métallurgique;

2° Dans les usines à gaz, pour la fabrication du gaz d'éclairage.

J° Dans les cokeries.

Ces dernières fournissent le coke nécessaire aux hauts fourneaux; quant au gaz produit il est utilisé soit dans des fours gazogènes, soit dans des moteurs à gaz, mais il contient, en outre, une foule de sous-produits qui sont retenus aujourd'hui par lavage et prennent une valeur marchande toujours grandissante.

Une tonne de houille distillée donne :

Goudron .... 20 kilos.
Sulfate d'ammoniaque .... 10 —
Benzol .... 4 —

Un lavage à l'eau arrête l'ammoniaque, un lavage aux huiles lourdes retient le benzol.

L'Allemagne retire ainsi plus de 120,000 tonnes de benzène par an, et en France, après une campagne active, on cherche à augmenter le nombre de nos cokeries à récupération.

2° Dans les usines a gaz.

Nous allons trouver là un exemple intéressant du rôle du législateur en matière de chimie : il doit veiller à la prospérité industrielle du pays et pour cela modifier parfois des contrats privés.

A l'origine, on utilisait le gaz d'éclairage dans des becs papillons et l'on recherchait avant tout le pouvoir éclairant, au sujet duquel les Compagnies gazières prirent des engagements de garantie dans leurs traités avec les municipalités. Déjà, en 1900, on n'utilisait plus le gaz que pour son pouvoir calorifique, même en matière d'éclairage, grâce aux manchons à incandescence. Cependant, les contrats subsistaient et on ne pouvait dépouiller le gaz de ses vapeurs de benzène qui constituent le facteur principal du pouvoir éclairant. Une richesse importante se trouvait ainsi perdue et le gaz, chargé de produits lourds, encrassait inutilement les canalisations. Il fallut la guerre pour obtenir, en 1915, une loi qui aurait dû être votée vingt ans plus tôt. Cette loi oblige les principales Compagnies à extraire du gaz d'éclairage le benzène et le toluène qui s'y trouvent. Elles sont indemnisées des frais occasionnés par cette opération, mais ne peuvent pas en faire une source de bénéfice. Quant aux consommateurs, ils n'ont droit à aucune indemnité; ils ne sont d'ailleurs pas lésés, car si le pouvoir éclairant du gaz débenzolé se trouve sensiblement réduit, son pouvoir calorifique n'est pas modifié d'une manière appréciable. Cette mesure donnait à la France 60 tonnes d'explosifs de plus chaque jour.

C'est ainsi que la Compagnie du gaz de Lyon fut amenée à organiser une distillerie à Saint-Fons pour les produits lourds; elle fabrique actuellement par 24 heures, pour une production de 150,000 mètres cubes de gaz, près de 2,000 kilos de benzine pure et 600 kilos de toluène pur. Ces mois derniers, elle songe à organiser, sous forme coopérative, une usine spéciale de distillerie qui centraliserait tous les goudrons des usines à gaz pour les débenzoler. Cette idée est très heureuse, car une petite installation ne peut songer à traiter elle-même ses sous-produits. Les goudrons seraient payés selon leur richesse en benzol et en raison inverse de leur teneur en carbone, ce qui n'existait pas jusqu'à ce jour et conduisait à un véritable gaspillage.

Dans la région houillère de Saint-Etienne, nous avons de nombreuses cokeries; mais, également dans la région lyonnaise, à Chasse, la Société des Hauts fourneaux possède une installation très moderne comprenant :

1° Des fours à coke à récupération, avec lavage des gaz, distillant par an 100,000 tonnes de houille et produisant 2,000 tonnes de goudron;

2° Une distillation de goudron pouvant traiter 6,000 tonnes;

3° Des appareils pour rectifier les houilles de goudron en vue d'obtenir de la benzine et du toluène purs, de la naphtaline, de l'anthracène et du phénol bruts.

La Compagnie P.-L.-M. possède également à Chasse une distillerie; enfin, il ne faut pas oublier l'importante Société chimique de Gerland qui distille environ 8,000 tonnes de goudron par an. Cette production est donc pleine d'avenir dans la région lyonnaise où l'industrie des parfums et des matières colorantes se développe chaque jour ; c'est par l'accroissement du nombre des cokeries, par un traitement judicieux des goudrons que l'on parviendra à otbenir les phénol, benzène et toluène qui leur sont indispensables.

c) La distillation du bois.

Plusieurs usines de la région, une à Saint-Fons, une à Saint-Rambert-d'Albon et, surtout à Lyon-Vaise, la maison Gillet et fils s'occupent de cette industrie. Il était naturel de la voir prospérer dans le département du Rhône, car les produits que l'on retire de cette distillation : acide acétique et méthylène servent dans la préparation des couleurs artificielles. D'autre part, la région est assez boisée pour fournir des bois taillis comme matière première indispensable. Dans la cornue où s'opère la distillation, il reste du charbon de bois, quant aux gaz, ils vont se condenser et l'on peut, par distillation fractionnée, séparer trois substances :

Le méthylène brut ou alcool méthylique;

L'acide acétique brut;

Le goudron.

Le méthylène, une fois purifié, sert à la fabrication de certains vernis, et surtout dans les industries des matières colorantes. A haute température, il est oxydé par l'air et donne une aldéhyde connue dans l'industrie sous le nom de formol, très utilisé comme désinfectant.

L'acide acétique brut contient de l'acétone qui servira à fabriquer l'iodoforme et le chloroforme; quant à l'acide acétique pur, il est utilisé ainsi que les acétates dans une foule d'industries : teintures, impressions, colorants, produits œnologiques.

Du goudron on retire la créosote et le gaïacol, il ne reste plus que le brai qui, de même que celui retirée de la houille, peut servir à la confection d'agglomérés.

Cependant, la Suède, la Norvège et les Etats-Unis, pays très boisés, peuvent fournir ces produits à bien meilleur prix que nous, si bien qu'en France cette industrie n'est soutenue que par l'emploi du méthylène à la dénaturation de l'alcool.

Voici terminée l'étude de la grande industrie qui réalise les matières premières chimiques; nous allons passer maintenant en revue les diverses fabrications de produits usuels.

II. — LES INDUSTRIES CHIMIQUES DE PRODUITS USUELS.

1. — Produits chimiques agricoles.

1° LES ENGRAIS.

Quatorze éléments organiques et minéraux concourent à la constitution de tous les végétaux, mais quatre d'entre eux : acide phosphorique, azote, potasse et chaux sont d'importance capitale et manquent généralement dans le sol ; c'est aux engrais à apporter leur présence fertilisante.

On peut distinguer : les engrais potassiques azotés ou phosphatés.

Les premiers n'intéressent que très peu la région lyonnaise et sont entièrement fournis par les Sociétés alsaciennes qui ont cependant organisé, aux environs de Lyon, une ferme modèle d'expérimentation.

Les engrais azotés proviennent en partie du Chili sous forme de nitrate, en partie des usines à gaz, des distallations d'eaux-vannes ou des cokeries, sous forme de sulfate d'ammoniaque. Nous avons étudié cette fabrication avec la distillation de la houille.

Dans une usine de la région lyonnaise, la Société des Produits azotés fabrique également de la cyanamide calcique qui, sous l'influence de l'humidité du sol, se décompose en deux éléments fertilisants : l'ammoniaque et la chaux.

Quant aux engrais phosphatés, de beaucoup les plus employés, ils donnent lieu, dans le département du Rhône, à une grande activité industrielle. De très nombreuses usines fabriquent le superphosphate obtenu par l'action de l'acide sulfurique sur les minerais phosphatés de nos colonies d'Afrique. On dose rigoureusement le mélange qui est ensuite malaxé à froid, puis séché, broyé, tamisé et mis en sacs. Les usines de la Société Saint-Gobain en produisent des quantités importantes ; la maison Coignet fabrique également un superphosphate nitré ; c'est un engrais complet contenant : azote, acide phosphorique et chaux. Chaque maison a sa spécialité, c'est ainsi que la maison Roche, fondée par M. Victor Cambon, fabrique l'Azoline qui est un engrais composé de matières organiques solubilisées par l'acide sulfurique. A Saint-Rambert-d'Albon, la maison Gauthier-Miribel, et, à Villefranche-sur-Saône, deux usines importantes fabriquent également des engrais.

Il était d'ailleurs naturel, étant donné les nombreuses cultures du Dauphiné et de la Bresse, de voir cette industrie devenir très prospère dans la région lyonnaise.

2° Les produits viticoles.

Une raison de même ordre, la proximité de la Bourgogne, devait développer l'industrie des produits viticoles et œnologiques, mais un autre fait devait surtout influer sur cette production : c'est l'apparition, vers 1880, des maladies de la vigne.

La Société des Sulfures de carbone, à Lyon, se mit à produire, d'après les procédés Deiss (vapeurs de soufre sur du charbon au rouge), des quantités importantes de ce liquide, remède unique contre le phylloxéra. Aujourd'hui, avec l'importation des plants américains, cette consommation a bien diminué, mais on emploie d'autres antiseptiques appropriés au traitement du mildiou et de l'oïdium.

Le mélange sulfate de cuivre et chaux constitue la bouillie bordelaise, tandis qu'avec le carbonate de soude on obtient la bouillie bourguignonne; à l'origine ces mixtures étaient préparées sans grande précision par le propriétaire lui-même, aujourd'hui certaines maisons livrent des produits dosés à l'avance.

La Manufacture lyonnaise de Produits chimiques agricoles et industriels vend une bouillie Michel-Perret, à base de cuivre et de chaux, mais qui contient en plus de la mélasse pour la faire adhérer aux feuilles.

M. Vermorel, de Villefranche, préconise une bouillie au nitrate d'argent et au savon blanc, avec adjonction de nicotine ou d'arséniate de plomb en ce qui concerne la cochylis.

La maison Progil (Gillet et fils) prépare des verdets qui sont des produits à base d'acétate de cuivre ; le verdet Nérard, le verdet Eclair de la maison Vermorel ont également leur renommée justifiée dans la région. Enfin *les poudres* à base de cuivre sont aussi l'objet de spécialités: en cas de pluie, elles persistent sur les feuilles plus longtemps que les liquides.

II. — Les colles et gélatines.

Cette industrie est très prospère dans la région de Lyon et ceci en grande partie grâce à l'activité de la Société des Produits chimiques Coignet, qui groupe aujourd'hui les usines Coignet, Mital, Laprévote et Poly. Dans ces diverses usines, elle fabrique aujourd'hui des colles de pression, des colles d'acidulation et des colles de carnasses.

1° LES COLLES DE PRESSION.

Pour les obtenir, on commence par dégraisser les os à l'eau ou mieux à la benzine, puis on les soumet à l'action de la vapeur dans des autoclaves, ce qui donne des bouillons de colle que l'on concentre et que l'on coule en plaques. Le résidu est constitué en majeure partie par du phosphate tricalcique. Tel est le schéma de la fabrication, mais au cours de celle-ci des tours de main interviennent; le traitement des os est long, délicat; il comporte à chaque instant des risques qui peuvent compromettre irrémédiablement le résultat.

2° LES COLLES D'ACIDULATION.

Elles sont obtenues par une marche inverse de la précédente : on enlève la nature minérale de l'os que l'on dissout dans un acide et le résidu est constitué pas la matière organique ou osséine qui servira à faire la gélatine et la colle. L'acide employé était jusqu'à présent de l'acide chlorhydrique, mais pour raison d'économie on lui préfère aujourd'hui l'acide sulfureux.

3° LES COLLES DE CARNASSES.

Les déchets de tannerie, appelés vulgairement carnasses, doivent subir des lavages et traitements chimiques en raison des opérations auxquelles les peaux ont été soumises avant tannage, puis on les laisse séjourner dans de l'eau chaude qui, par concentration, permet d'obtenir soit des gélatines fines, soit des colles gélatines. On emploie surtout les carnasses de veau, de bœuf, de chèvre ou de mouton, mais de petites usines utilisent également les peaux de lapin ou même des carnasses de qualité inférieure pour faire ce que l'on appelle la colle de baquet. Cette industrie de la colle est très intéressante par ses sous-produits. Le phosphate tricalcique, traité par l'acide sulfurique, donne du superphosphate qui, comme nous l'avons vu, est un engrais très recherché. De même les os dégélatinés, séchés et broyés donnent de la poudre d'os qui contient des phosphates et de l'azote; c'est un élément fertilisant qui convient particulièrement aux prés humides, nombreux dans la région.

Toutes ces causes contribuent à rendre prospère cette fabrication des colles et gélatines, qui trouve facilement à s'approvisionner en matières premières grâce aux nombreuses tanneries de la région. On peut s'étonner cependant du peu de progrès techniques réalisés dans cette branche; certes les appareils de concentration à l'air libre ont cédé la place aux évaporateurs Kestner à triple effet, mais au point de vue chimique, les méthodes demeurent les mêmes et, pour le comprendre, il faut penser que la constitution de la gélatine, ainsi que celle de la plupart des matières albuminoïdes, nous est absolument inconnue, et la science nous réserve peut-être, dans l'avenir, de véritables surprises à ce sujet.

Quoi qu'il en soit, en dehors des usines Bertrand et Combier, à Annonay, le groupe important des usines Coignet produit à lui seul :

12,000 tonnes de colle et gélatine absorbées par les chapelleries, les apprêts et l'alimentation;

3,500 tonnes de phosphate de soude employé pour la charge de la soie;

35,000 tonnes d'engrais et 450 tonnes de phosphore.

Ce sont là de très beaux résultats et l'on peut augurer pour cette industrie le meilleur avenir.

III. — Savons, bougies, glycérine, huiles et graisses.

Nous groupons l'étude de ces diverses industries parce qu'elles dérivent toutes de l'hydrolyse des huiles et graisses, si bien que dans la pratique on les trouve réunies.

Tous les corps gras, suif d'os, huiles de lin, de colza, de palme, de coprah, peuvent servir de matières premières. La France est naturellement obligée d'en importer une grande partie de ses colonies et c'est ce qui explique la prospérité de cette industrie au voisinage des ports, tel que Marseille.

Cependant, on trouve dans la région du Rhône, comme matière première, des suifs d'os, sous-produits de la tannerie et de l'industrie des colles et gélatine. La Société de Stéarinerie et Savonnerie de Lyon, constituée par la fusion de cinq anciennes maisons de la ville, fabrique en quantité importante des bougies, du savon, de la glycérine, et s'occupe également, depuis peu, de l'hydrogénation des huiles.

Le principe chimique de ces diverses fabrications demeure le même : la matière première, constituée par une graisse quelconque, est une combinaison de glycérine et d'acide gras; on sépare ces deux éléments par la saponification et l'on a ainsi, d'une part, de la glycérine, d'autre part, de l'acide stéarique qui sert à fabriquer les bougies, et de l'oléine qui, traitée par la soude ou la potasse, donne d'excellents savons. La saponification peut se faire par bien des méthodes :

Soit à l'autoclave par simple action de l'eau et de la vapeur;

Soit par action d'une base, ce qui donne directement des savons de chaux, de soude ou de potasse;

Soit par action d'acide sulfurique;

Soit avec l'aide d'un ferment tel que la lipase contenue dans les graines de ricin.

1° BOUGIES.

La Stéarinerie Lyonnaise emploie pour sa fabrication de bougies deux procédés. Dans les anciens ateliers de la maison Radisson, à Vaise, elle saponifie en autoclave les matières grasses par la chaux, traite les savons calcaires ainsi obtenus par l'acide sulfurique, ce qui donne l'acide stéarique, matière première de choix pour la fabrication des bougies.

Dans son autre usine, à Gerland, elle traite des matières grasses de deuxième ordre, suif d'os et palme, saponifie par l'acide sulfurique, fractionne les acides gras par distillation et les mélange avec de la paraffine pour couler des bougies de deuxième qualité.

Au total, elle produit ainsi 3,500,000 paquets de bougies, mais ce chiffre va, chaque année, en diminuant, par suite des progrès de l'électricité.

2° SAVONS.

La saponification par une base donne des savons; cette opération peut se faire à froid, mais elle est alors incomplète; aujourd'hui on la réalise toujours à chaud et en plusieurs phases. Si l'on emploie comme base la soude, on obtient un savon dur; au contraire, avec de la potasse, on a un savon mou. Il existe, d'ailleurs, suivant les produits employés, de nombreux savons d'oléine, de suif, de pulpe, ou encore des savons silicatés, résinés, etc.

La Société de Stéarinerie et Savonnerie de Lyon est en train de donner à cette industrie un développement considérable dans ses usines. Sa production de savon était de 150 tonnes en 1913, de 500 tonnes en 1922 et, cette année, avec la mise en marche d'une nouvelle usine, elle dépassera 1,000 tonnes. Une importante huilerie en montagne, à Irigny, traitera les graines oléagineuses des colonies françaises et fournira à la stéarinerie des matières premières.

La Société a organisé, depuis 1914, un atelier pour l'hydrogénation des huiles; elle fabrique elle-même son hydrogène par électrolyse et, selon les principes de Sabatier, elle le fait agir en présence d'un catalyseur à température voulue sur des huiles de qualité inférieure pour les transformer en produit saturé et pour provoquer leur durcissement. On obtient ainsi des graisses d'une valeur très supérieure, utilisables pour la fabrication des bougies et des savons. Jusqu'à ce jour cette hydrogénation n'a guère été faite que dans ce but, mais la Société Lyonnaise fabrique également par ce procédé des graisses pour l'alimentation comme cela se pratique en Norvège depuis plusieurs années.

La stéarinerie et la savonnerie donnent des sous-produits d'une très grande valeur dont le principal est la glycérine, à tel point que la Chambre de commerce de Marseille pouvait indiquer, dans un rapport récent, qu'il faut considérer maintenant le savon comme un sous-produit de la glycérine et non plus l'inverse.

3° GLYCÉRINE.

La stéarinerie et la savonnerie donnent des glycérines brutes qui doivent être rectifiées et purifiées, ce qui alimente une véritable industrie. En dehors des ateliers que possède la Société de Stéarinerie et Savonnerie de Lyon, il existe, à Saint-Fons, une importante usine de la Société française des Glycérines, qui effectue la distillation dans le vide, selon les brevets d'Armandy, pour obtenir une glycérine pharmaceutique très pure et de la glycérine à dynamite. Sa production annuelle est de 4,000,000 de kilos.

4° L'OLÉINE.

C'est également un sous-produit de la stéarinerie; son emploi est courant dans l'industrie de la laine comme huile d'ensimage et pour la préparation des fibres textiles en filature. D'autres produits dérivés des huiles, tels que les sulforicinates, obtenus par action de l'acide sulfurique, puis de la soude sur l'huile de ricin, ont leur utilité dans l'industrie textile; la maison Favre et plusieurs autres à Lyon en fabriquent, ainsi que divers produits, pour impression, apprêts, mégisserie et tannerie.

Dans l'ensemble, toutes ces industries dérivées des produits gras, sont appelées à se développer encore pour suffire aux besoins des industries régionales.

IV. — **Produits spéciaux.**

1° PRODUITS PHOTOGRAPHIQUES.

Depuis 1885, cette industrie fit à Lyon d'étonnants progrès, grâce aux découvertes incessantes des frères Lumière, dont les usines fabriquent actuellement 80,000 plaques par jour, ce qui représente 60 hectares de surface de verre. En 1911, ils fusionnèrent avec les Etablissements Jougla de Paris; la Société anonyme Union photographique industrielle, ainsi constituée, a pour ainsi dire le monopole des plaques photographiques en France.

Citons aussi une autre maison lyonnaise, la Société des

Celluloses Planchon qui, pendant longtemps, fut seule à produire les pellicules photographiques en Europe; elle les sensibilise avec les émulsions au gélatino-bromure d'argent fabriquées par l'Union photographique industrielle, grâce à une entente commerciale. Cette Société fabrique toutes les variétés de pellicules : pellicules en rouleaux, pellicules rigides, films, bandes de cinématographes, et exporte dans le monde entier les deux cinquièmes de sa production. M. Planchon, qui s'occupe depuis longtemps de la cellulose, a créé pour cette industrie des procédés qui lui sont personnels : dans ses usines de Lyon et de Feyzin, il s'est spécialisé dans la fabrication des films ininflammables au moyen de l'acétyl-cellulose.

Enfin, la Société chimique des Usines du Rhône, ainsi que la maison Poulenc, la Société des Produits chimiques de Fontaine fabriquent une foule de produits utilisés en photographie, pour la sensibilisation des plaques et pellicules, le développement, la fixation et pour la confection de films ininflammables à base d'acétol, acétate de cellulose et adjuvants. Un rapide exposé des fabrications photographiques fera ressortir le nombre et la variété des produits chimiques :

1° *La sensibilisation* des plaques et pellicules consiste à former, dans une solution chaude de gélatine, à l'abri de la lumière, un précipité de bromure d'argent; on laisse reposer l'émulsion, on coule sur les plaques de verre et l'étendage se fait mécaniquement. Mais on utilise aussi l'iodo-bromure, l'émétite et la morphine pour les plaques ultra-sensibles;

2° *Le développement* peut se faire au moyen d'une foule de révélateurs qui sont tous des réducteurs faisant réapparaître l'argent métallique, ainsi le pyrogallol, l'hydroquinone, la métaquinone, l'hydramine;

3° *La fixation* se fait à l'hyposulfite et, enfin, le lavage et le tannage de la couche gélatinée peut se faire au moyen de produits spéciaux, tels que le thioxydant Lumière et le formolène;

4° *La préparation* des papiers photographiques, des plaques spéciales pour la photographie en couleur, donne lieu à des manipulations délicates et nécessite encore du gélatino-bromure d'argent, des chlorocitrates, etc.

Cette industrie de la photographie est une belle industrie française conduite par des hommes éminents, comme MM. Lumière qui sont de véritables savants; elle progresse chaque jour, malgré des conditions économiques parfois difficiles. Ainsi, le verre mince et régulier ne peut être obtenu en France et doit être importé de l'étranger, de même qu'une partie de la gélatine; les sels d'argent et d'or ont, d'autre part, subi ces dernières années une hausse énorme qui ne laisse pas d'être un obstacle sérieux à la diffusion de la photographie. Dans les débuts du cinématographe, nous étions entièrement tributaires de l'étranger; mais, depuis, de gros efforts ont été faits : l'exportation des papiers et films photographiques fut, en 1920, sept fois plus forte qu'en 1913; pendant la guerre, grâce à la suppression de la concurrence allemande, l'industrie des produits photographiques a pu se développer et la situation actuelle demeure satisfaisante.

2° LES PARFUMS.

L'industrie chimique lyonnaise s'est toujours occupée largement des produits aromatiques, encouragée par l'Ecole de chimie de Lyon, dont certains professeurs furent des spécialistes de la question, tels que Barbier et Grignard, renommés, à juste titre, pour leurs découvertes.

L'industrie des parfums naturels, qui consiste à extraire par infusion, dissolution, expression ou distillation des essences brutes en partant des fleurs, feuilles ou racines, est surtout prospère dans les Alpes-Maritimes et n'existe pas à Lyon. Mais de nombreuses usines de la ville traitent les essences naturelles brutes ou encore les résidus d'une première distillation faite au pays d'origine pour en retirer, par des traitements appropriés, suivis d'une distillation dans le vide, de nouvelles quantités de produits utiles. Les résidus, sorte de goudrons nommés terpènes, présentent, dans certains cas, des propriétés antiseptiques intéressantes. C'est ainsi que la Société française des Produits aromatiques traite les essences brutes de lavande, de romarin, de thym, etc.

La chimie peut également servir à transformer une substance naturelle à bon marché en une autre plus rare et plus précieuse. Ainsi l'eugénol, extrait des clous de girofle, isomérisé par la potasse puis oxydé par le peroxyde de sodium ou l'ozone, fournit une proportion notable de vanilline qui, par ce procédé, revient vingt fois moins cher que celle qui serait extraite de la vanille.

De même, l'essence de citronnelle de Ceylan contient du citral et du géraniol. Le citral est presque sans valeur, on le trouve directement dans le zeste de citron; le géraniol, au contraire, est un produit très recherché. La chimie intervient encore en remarquant que le citral est l'aldéhyde du géraniol et que par une simple hydrogénation on peut passer de l'un à l'autre, d'où il résulte un gain véritable. Le citral peut lui-même, par combinaison avec le vulgaire acétone, donner l'ionone, dont l'odeur est celle de la violette, ainsi qu'un autre corps de parfum analogue à celui de l'irone retiré des racines d'iris.

L'essence de térébenthine, extraite par distillation de la résine du pin maritime, est devenue la matière première de nombreux parfums : lorsqu'on arrive à fixer sur elle les éléments de l'eau, elle constitue une sorte d'alcool qui, par lui-même et par ses éthers, fournit les essences artificielles de lilas et de muguet.

Ceci nous montre que l'industrie des parfums naturels fournit souvent des matières premières à l'industrie des parfums artificiels; ce ne sont pas des fabrications concurrentes, elles peuvent vivre côte à côte et souvent se compléter. D'ailleurs, les essences naturelles pures ont toujours une odeur plus fine et plus appréciée; la chimie nous donne, la plupart du temps, des à peu près dont se contentent nos sens imparfaits, mais qui ne satisfont pas le flair plus subtil d'un animal. Le chat, très sensible, dit-on, au musc naturel, s'éloigne du musc Baur. En revanche, il se laisse tromper par l'acétamide qui sent la souris ; cette véritable victoire scientifique s'applique, malheureusement, à un parfum peu intéressant.

A côté de ces substances aromatiques, il en existe de véritablement synthétiques et que rien ne rattache à l'industrie des essences naturelles : c'est, par exemple, l'essence de mirbane ou nitro-benzine qui sert pour parfumer à l'amande amère les savons bon marché, et que l'on obtient par action de l'acide nitrique sur la benzine.

Ces diverses substances sont fabriquées par quelques usines de produits chimiques de la région, entre autres la maison Givaudan (musc), et surtout les Usines du Rhône (terpinéol, terpine, essence de térébenthine) qui traitent de grosses quantités d'essence de térébenthine pour en retirer la terpine médicinale et le terpinéol. Malheureusement, comme la photographie, l'industrie des parfums est une industrie de luxe qui a beaucoup souffert de la crise en 1921 et il lui faudra quelques années pour redevenir prospère.

3° LES PRODUITS PHARMACEUTIQUES.

Lyon n'est pas seulement la ville de la chimie, mais aussi la ville des médecins; c'était là deux conditions remarquablement favorables au développement de l'industrie pharmaceutique, si bien que la plupart des usines de produits chimiques de la région se mirent à fabriquer des médicaments de toute sorte.

L'eau oxygénée est obtenue par l'action d'un acide sur le bioxyde de baryum; c'est par ce procédé que la Société Progil, la Société des Produits chimiques de Fontaine, les Etablissements Favre, Gignoux et Barbezat, et d'autres encore en fabriquent à Lyon des quantités importantes. A Saint-Fons, l'usine de l'Electrochimie emploie un procédé nouveau en faisant agir le peroxyde de sodium sur l'acide fluorhydrique et l'alumine. Ce peroxyde est, d'ailleurs, préparé dans les usines de l'Isère appartenant à la même Société.

Les Usines du Rhône fabriquent également une foule de produits pharmaceutiques : salol, saccharine, gaïacol, résorcine, chloroforme, ainsi que la quinine, le pyramidon et l'aspirine; ces mêmes substances sont, d'ailleurs, fabriquées par bien d'autres usines de la ville, tels que les Etablissements Givaudan, Poulenc, Bertrand, pour ne citer que les plus importants. Pour cette industrie, nous pouvons répéter ce que nous avons dit pour d'autres : c'est que la distillation des goudrons peut lui permettre d'acquérir un grand développement; avant la guerre elle était trop concurrencée par l'Allemagne, aujourd'hui elle est organisée et le chiffre de production est triple de ce qu'il était en 1913. Malheureusement, la crise de 1921 est venue compromettre l'exportation de la plupart des produits sauf quelques exceptions, comme la saccharine, dont il a été réexpédié près de 300 tonnes à l'étranger pendant l'année dernière, ce qui représente environ 23 millions.

La période difficile actuelle, avec la réapparition de la concurrence allemande, plus tenace que jamais, force cette industrie à réaliser chaque jour de nouveaux progrès pour obtenir la production la plus économique.

V. — **Produits divers.**

1° Couleurs minérales.

Les blancs, depuis l'interdiction devenue effective en 1915 d'utiliser la céruse, sont constitués par des sels de zinc.

L'oxyde de zinc, obtenu en faisant distiller le métal, est recueilli dans de grandes chambres sous forme d'une poussière blanche impalpable. Cette substance, émulsionnée dans une huile siccative, donne une couleur blanche parfaite. C'est ainsi que la maison Berger livre au commerce le blanc Virginia, les Etablissements Crotte fabriquent le blanc Allobrox et Enopolite. Il y a de petites différences entre ces spécialités, cependant la maison Cadot présente un oxyde de zinc hydraté d'une blancheur parfaite obtenue sans doute par un procédé spécial.

Ce que l'on recherche surtout, c'est une couleur très adhérente, couvrant bien, et c'est pourquoi on utilise de plus en plus le sulfure de zinc. Sous le nom industriel de lithopone on livre également au commerce un blanc qui est, en réalité, un mélange de sulfure de zinc et de sulfate de baryte; sa fabrication, encore assez peu développée à Lyon, est certainement destinée à prospérer dans cette région où l'on trouve de nombreux gisements de barytine.

Le *minium*, sous le nom d'antirouille Le Poulpe, est fabriqué par la maison François Brumier. La Société Horme et Buire en produit également.

L'*outremer*, découvert à Lyon par Jean-Baptiste Guimet, est connu dans le monde entier aussi bien par les peintres pour leurs tableaux, que par les blanchisseuses. Ingres, le premier, utilisa cette couleur splendide; quant à la seconde utilité du bleu Guimet, elle n'a pas une origine moins noble, car c'est la reine Marie-Antoinette qui, la première, avait eu l'idée de mettre dans les lessives, à Trianon, un peu de bleu d'indigo pour enlever au linge sa teinte jaune et lui donner un blanc parfait.

Au point de vue chimique, cette substance comporte quatre éléments : silice, alumine, soude et soufre, et c'est le degré d'oxydation seul qui fixe la teinte; on peut ainsi obtenir toutes les nuances du vert au blanc, en passant par le bleu, le violet, le rose. Cette belle industrie française demeura pendant longtemps l'apanage de la famille Guimet, qui organisa de nombreuses usines à l'image de celle de Fleurieu. Aujourd'hui, d'autres maisons, comme la maison Barillot, de Vénissieux, la maison Brulaton, fabriquent également l'outremer.

2° VERNIS, PEINTURES, ENCRES.

Les *vernis* sont des solutions de matières gommeuses et résineuses dans un liquide volatil ou capable de se résinifier par oxydation. Les vernis gras, à base d'huile de lin et d'essence de térébenthine sont très solides, les vernis à base d'essence de térébenthine et de résine le sont moins mais sèchent plus rapidement. Pour la fabrication, chaque usine a ses tours de main; ce que l'on peut affirmer, c'est qu'il est fabriqué à Lyon d'excellent vernis par les maisons Cadot, Barioz, Petit Jean, Piot, etc. La Société La Formite, dans son usine de Collonge, s'est spécialisée pour la production d'un vernis isolant spécial, la Bakelite, destiné à l'électricité.

Les *peintures*, autrefois, étaient préparées au moment de leur emploi en broyant diverses couleurs dans l'huile; la tendance actuelle est de vendre des peintures toutes faites dans lesquelles le mélange est mieux réalisé; on ajoute à la peinture, pour obtenir un séchage plus rapide, soit un siccatif solide, sulfate de baryte ou blanc de zinc, soit un siccatif liquide sous forme d'huile de lin cuite.

La plupart des usines de couleurs et de vernis entreprirent la préparation de ces peintures. Les maisons Cadot, Crotte, Maréchal, Vindry et Dumas ont chacune leur spécialité : elles préparent également des laques, couleurs obtenues en fixant une matière colorante organique sur un support minéral : hydrate d'alumine, blanc pur ou blanc de zinc. Ces substances présentent l'avantage d'être opaques et d'un prix peu élevé; mélangées à des couleurs véritables, elles donnent des peintures à la fois solides et nuancées couramment utilisées pour les carrosseries et les machines agricoles.

Les *encres* peuvent être de bien des sortes : l'encre fixe au fer est préparée par l'action d'un sel de fer sur le tanin, ce qui donne un tannate, produit très noir, résistant aux agents chimiques. L'encre fixe au campêche, obtenue en précipitant une solution de campêche par un sel de fer ou de cuivre, est bonne également. Pour les encres à copier, on ajoute du sucre et de la glycérine; quant aux encres de couleur, ce sont des colorants d'aniline dissous dans de l'eau distillée.

Mais le débouché de beaucoup le plus important est constitué par l'encre d'imprimerie dont il faut un gramme par exemplaire de journal. Sa préparation plus complexe nécessite le travail des noirs, des couleurs, des vernis gras, des huiles siccatives cuites, etc.

Toutes ces variétés d'encres sont produites par de nombreuses maisons lyonnaises qui, souvent, fabriquent en même temps des couleurs et des peintures; cependant, la maison A. Lieber ne produit que de l'encre sous la marque Joly, de même que la Manufacture lyonnaise des Encres de la Marine et quelques autres établissements moins importants. Les petites industries que nous venons d'étudier ne font certainement pas un gros chiffre d'affaires, elles ne visent pas à l'exportation comme celles de la région parisienne, mais suffisent à la consommation régionale et sont très fructueuses.

3° CIRE, CIRAGES, PRODUITS D'ENTRETIEN.

La *cire* d'abeille est connue depuis la plus haute antiquité. Homère conte, dans l'Odyssée, qu'Ulysse fit boucher de cire les oreilles de ses compagnons pour échapper aux enchantements des Sirènes, pendant que lui-même se faisait attacher à un mât de son navire. On se souvient également des ailes d'Icare; malgré cela l'industrie et le travail de la cire naturelle ne datent que d'une quarantaine d'années. C'est vers 1870 que la Société des Cires françaises, fondée par M. Troubat, à Montluçon, organisa le raffinage par un traitement à l'eau bouillante, la cire fondue surnage et l'on peut ainsi la purifier. Comme matière première de cette production, on importe également la cire de Chine, produite par un insecte, et de la cire végétale du Japon.

Les principaux industriels qui s'occupent, à Lyon, de cette préparation sont M. Clot et M. Dousselin. La maison Trux-Mistral, etc., par mélange de la cire avec de la paraffine et addition d'un colorant, prépare de nombreux produits d'entretien, brillant, encaustique, pâte à fourneau, etc. La maison Paulin, de Saint-Claude et la Manufacture centrale des Produits d'entretien à Saint-Etienne réalisent des produits analogues.

Les *cirages* sont produits en quantité très importante dans la région lyonnaise. Ils sont toujours constitués par des mélanges de corps gras, de principes colorants et de matières sucrées. Dans les crèmes liquides, on ajoute parfois de la glycérine ou du vinaigre, ce qui n'est pas très recommandable pour le cuir. La Société des Cirages français possède, à Lyon, une importante usine, c'est elle qui fabrique la crème « Eclipse ». Les Etablissements Verdy, à Fontaine-sur-Saône, préparent la crème « Au Tigre Royal », et plusieurs autres usines de produits d'entretien dans la région fabriquent également des cirages.

4° Caoutchouc, ébonite.

Rappelons que le caoutchouc provient des plantes tropicales du Brésil et du Congo, dont le suc est coagulé sur place, et c'est cette matière brute que reçoivent les fabriques de caoutchouc. Elles procèdent alors à une épuration des gommes végétales par déchiquetage, malaxage et lavage, puis à une transformation en produits façonnés, feuilles, tuyaux, etc. La plupart du temps on incorpore du soufre dans le caoutchouc, c'est la vulcanisation, qui lui donne de la dureté, et un excès de soufre dans cette opération donne l'ébonite, corps inattaquable aux acides, facile à polir et qui a reçu ces dernières années de nombreuses applications. La fabrication de ce dernier produit a été mise au point en France par M. Paul Jeantet, à Saint-Claude; primitivement, il ne fabriquait que des tuyaux destinés aux milliers de pipes que l'on produit chaque jour dans cette ville; mais, déjà avant la guerre, il avait réussi à concurrencer victorieusement l'industrie de l'Allemagne pour les isolants de magnétos et avait, en ce qui concerne la France, le monopole exclusif de cette fabrication.. L'ébonite sert également à fabriquer une foule d'objets, volants d'autos, stylos, pièces pour téléphones, etc.

La Société lyonnaise de Caoutchouc, dans ses usines de Villeurbanne, fabrique des tuyaux de tout genre, des courroies des garnissages en ébonite, des bacs d'accumulateurs. La Manufacture française de Caoutchouc, à Oullins, raffine la matière brute, régénère les vieux produits et fait des pièces moulées, des talons pour souliers, etc.

Quant aux Etablissements Grammont, ils fabriquent, dans leurs immenses usines de Pont-de-Chéruy, du caoutchouc industriel, des bandages pleins pour camions, des tuyaux et des isolants pour l'électricité. Nous avons déjà parlé, à propos des acides, de la maison Lacollonge qui, la première, exécuta le revêtement en caoutchouc de citernes en tôle pour le transport de l'acide muriatique. Cette invention eut une répercussion considérable sur le développement de la grande industrie chimique. Cette même maison réussit le revêtement des paniers d'essoreuses pour la teinture, le problème était très délicat en raison de l'adhérence nécessaire. La difficulté était du même ordre que dans le cas précédent : une fois la couche de caoutchouc placée il fallait la vulcaniser à chaud et, par suite de la dilatation du métal, des déchirures se produisaient. Encore aujourd'hui, M. Lacollonge a des procédés de vulcanisation spéciaux qui lui permettent le revêtement de pièces métalliques de toutes formes, arbres d'hélice, ventilateurs, etc.

Pour ces diverses fabrications, jamais le caoutchouc n'est employé seul; on peut le mélanger à des gommes similaires comme le balata, qui vient de Guyane; mais surtout on lui incorpore les matières minérales les plus diverses : soufre, sulfure de carbone, chlorure de soufre, sulfure d'antimoine, oxyde de zinc, oxyde de chaux, sulfate de baryte, carbonate de chaux, silicate de magnésie, térébenthine, etc.

Malgré tous ces mélanges, la consommation en caoutchouc pur va en augmentant chaque année avec les besoins croissants de l'industrie des pneus. Nous sommes presque entièrement tributaires de l'étranger; la consommation, en France, a triplé depuis 1912 et le prix de la gomme brute a triplé également à la suite d'une hausse importante ces derniers mois.

C'est donc là un problème très angoissant; on recherche des succédanés, des factices et un moyen économique d'obtenir le caoutchouc synthétique; jusqu'à ce jour, les résultats n'ont pas été parfaits et les produits ainsi réalisés peuvent servir à des mélanges mais pas comme matière première unique de la fabrication. Cependant, développer l'industrie des factices, étendre nos plantations coloniales, sont les meilleurs remèdes à la situation actuelle.

La méthode pour produire ces factices consiste à incorporer du soufre dans de l'huile de lin à laquelle on fait subir, par cuisson et oxydation, un début de résinification. On a fait une foule d'essais avec diverses huiles végétales, entre autres l'huile de ricin. Le procédé de Blandi, qui donne la Blandite, produit franchement élastique, est un des meilleurs actuellement; il consiste à incorporer dans l'huile de lin chaude un mélange de sulfure de carbone et de chlorure de soufre; l'ensemble est malaxé un certain temps puis coulé sur une surface humide et froide. Une Société s'est fondée à Lyon avec, pour but, la production des factices; elle transforme déjà actuellement 40 tonnes d'huile par mois et espère doubler ce chiffre sous peu.

On a également essayé de réaliser du véritable caoutchouc synthétique en partant de l'essence de térébenthine, dont la région des Landes produit 25,000 tonnes par an. Malheureusement, le produit obtenu ne présente pas toutes les qualités du caoutchouc naturel. Malgré tout, ce sont là des substances très intéressantes pour les mélanges, et la hausse toute récente sur le caoutchouc brut ne peut que contribuer à la prospérité de leur fabrication.

VI. — **Les matériaux de construction.**

CHAUX ET CIMENTS, CÉRAMIQUE ET VERRERIE.

La *chaux*, dont on utilise dans les constructions des quantités considérables, sert également à caustifier la soude, à fixer le chlore pour donner le chlorure de chaux et, enfin, en sucrerie, pour la défécation. On obtient cette substance par dissociation d'un calcaire; cette opération se fait dans des fours à chaux continus; les uns sont à foyer extérieur, dans les autres dits fours coulants les couches de calcaire alternent avec les couches de combustible; à ce propos, signalons que le chauffage au coke donne de la chaux plus pure que le chauffage à la houille.

La tendance actuelle est d'amener les fours à chaux aux cokeries en utilisant, pour le chauffage, le gaz de ces dernières; cette pratique, avec le nombre grandissant des fours à coke, ne peut que se développer, d'autant plus que l'on trouve du carbonate de chaux un peu partout en France, même dans les régions où le charbon abonde. La chaux destinée aux industries chimiques ou à la sucrerie doit être très pure et on trouve aux environs de Lyon, à Pont-d'Ain, à Cize-Bolozon, à Voreppe, des calcaires parfaits qui donnent une chaux très légère.

Dans la vallée du Rhône, entre Viviers et Le Teil, sur un front de 1,200 mètres de longueur et une hauteur qui dépasse 100 mètres, s'ouvre une large brèche dans le terrain crétacé inférieur et l'on trouve une pierre gris bleu ou jaune clair d'une homogénéité remarquable, ne contenant guère que de la chaux et de la silice, matières premières idéales pour la fabrication d'un liant hydraulique naturel. La Société de Lafarge, qui fait cette exploitation, a fusionné, en 1900, avec les Portlands méridionaux; elle possède dans trois puissantes usines, sur les bords du Rhône, une cinquantaine de fours ordinaires et une vingtaine de fours à gaz où la température s'élève à 2,000°. Elle livre à la consommation toute la gamme des chaux hydrauliques et ciments artificiels, qui se distinguent de la chaux pure par une teneur croissante en argile et en produits alumineux. L'ensemble de cette production est d'environ 800,000 tonnes par an, dont une part importante est expédiée dans le monde entier.

Le *ciment* est également fabriqué par de nombreuses usines moins importantes dans la région. On trouve dans le département de l'Ain, par exemple à Culoz, une roche qui contient des silicates et de la chaux en quantité convenable et qui par broyage, malaxage, tamisage fournit un excellent ciment naturel. Plusieurs maisons fabriquent elles-mêmes, par des procédés qui sont leur spécialité, des dalles en ciment, des tuiles ou des tuyaux. D'autres usines fabriquent du ciment artificiel judicieusement dosé ; ou encore d'autres variétés comme les ciments de laitiers, les ciments fondus, etc...

Cette industrie, avec le développement considérable de la construction en béton armé, est devenue très prospère. On sait, en effet, que le béton employé est un mélange de ciment, de sable et de cailloutis. D'autre part, le mortier de sable et de chaux est très souvent remplacé maintenant par un mortier de sable et ciment. Quant à l'industrie du plâtre, elle est surtout florissante dans la région parisienne où l'on trouve le gypse en grande quantité.

La *céramique* est une industrie qui, par cuisson de produits argileux, permet d'obtenir une foule d'objets. En Bresse, on rencontre beaucoup de poteries, tuileries, etc., qui trouvent sur place une excellente matière première. Le grès, la faïence, la porcelaine dont la fabrication dans la région est peu développée, ont de nombreux emplois dans l'industrie. Au point de vue chimique, tous ces produits céramiques sont à base d'argile, c'est-à-dire de silicate d'alumine qui possède la propriété de former avec l'eau, à froid, une pâte plastique que l'on peut façonner et qui, par la cuisson, acquiert une dureté et une résistance suffisantes pour l'emploi. On peut, en outre, recouvrir les pâtes cuites de certains enduits nommés glacures qui leur donnent du brillant et les rendent imperméables. Ce qui distingue essentiellement les produits céramiques des verres que nous étudierons tout à l'heure, c'est la prédominance de l'alumine ou de la silice et la faible proportion de chaux ou d'alcalis; par ce fait même, leur fusion est incomplète lors de la cuisson, à l'encontre des verres qui sont entièrement fondus.

Nous avons vu que l'industrie de l'acide chlorhydrique et de l'acide nitrique réclame une quantité de récipients, d'appareils de condensation, de touries et de tuyaux en grès. Presque toutes ces poteries venaient d'Allemagne avant la guerre; aussi leur fabrication s'est-elle singulièrement développée, ces dernières années surtout, dans les usines qui existaient déjà en 1914. L'industrie chimique a pu se passer des grès allemands grâce aux maisons Cotelle de Lyon, Picard de Roanne, et surtout grâce à la fabrique de produits céramiques Jacob Delafon qui, dans son usine de Pouilly-sur-Saône, s'est spécialisée dans la fabrication des poteries et tuyaux en grès vernissé, tandis que son usine de Belvoye, dans le Jura, fabrique plutôt des baignoires et autres appareils sanitaires en granit, porcelaine.

Quant à la *porcelaine* proprement dite, on en fabrique peu dans la région lyonnaise, sauf une spécialité qui, elle aussi, date de la guerre, car, auparavant, nous étions entièrement tributaires de l'Allemagne à ce point de vue : c'est l'électroporcelaine destinée à la fabrication des isolateurs. La pâte est à base de kaolin que l'on trouve dans la vallée du Rhône et dans les monts du Lyonnais. Le but est d'obtenir une porcelaine dure, impénétrable à l'humidité et, cependant, ne se brisant pas aux changements de température. L'ancrage des parties métalliques, la cuisson, le démoulage sont autant de problèmes délicats, et cette industrie sort à peine de la période d'étude. Une usine, à Sainte-Foy-l'Argentière, est arrivée à d'excellents résultats, elle fournit ses produits à l'importante Société électrique Thomson-Houston. A Saint-Vallier, dans la vallée

du Rhône, où abonde une matière première particulièrement favorable, existent plusieurs usines, entre autres celle
de l'Electroporcelaine. Avec les nombreuses lignes de
transport de force en cours d'installation et la perspective
de l'électrification des chemins de fer, cette industrie peut
espérer le plus bel avenir.

La *verrerie* consiste dans la fabrication de produits fusibles qui sont des silicates doubles. Les matières premières
sont un sable très pur, puis du sulfate de soude, enfin de
la chaux pour le verre ordinaire, et du minium pour le
cristal qui est un verre au plomb.

Malheureusement, la région lyonnaise, qui se procure
facilement les produits chimiques, ne possède pas de sable
comparable à ceux de Fontainebleau, Chantilly ou
Nemours. Aussi ne fabrique-t-on pas de produits de choix
en matière de verrerie. Quelques manufactures : la maison
Florent, qui fait surtout du flaconnage; la Société des Verreries de la Gare, qui s'est spécialisée dans la fabrication
de verres pour l'éclairage; enfin, la Verrerie spéciale Française, qui fait des ampoules pour les lampes à incandescence. Il nous faut citer également la très importante
maison Visseaux qui fabrique des lampes électriques et
des manchons spéciaux pour l'éclairage au gaz; c'est là
une industrie très particulière qui utilise les oxydes rares
de thorium et mésothorium. Une certaine quantité de ces
substances ajoutées à de la chaux ou à de la magnésie
donne à l'incandescence cette blancheur éclatante qui
permet d'utiliser pour l'éclairage le pouvoir calorifique du
gaz. Ces usines se sont développées pendant la guerre, car
en matière de verrerie nous étions presque entièrement tributaires de l'étranger, ainsi tous les verres de lampes
venaient d'Allemagne. Particulièrement en ce qui concerne
les verres d'optique qui venaient de Iéna, la France s'est
vue obligée d'étudier cette industrie très spéciale et délicate. Le Creusot, pendant la guerre, a été chargé de cette

fabrication et nous sommes parvenus à d'excellents résultats, si bien qu'au moment de l'armistice nous fournissions les quatre cinquièmes des verres utilisés par les Alliés.

Pour terminer cette étude des matériaux de construction, nous devons remarquer le caractère commun à toutes ces fabrications : elles ont pour but des produits dont la valeur marchande est relativement faible et pour lesquels la dépense en combustible nécessaire à l'obtention des températures élevées est un facteur important du prix de revient. Tant que notre production nationale en charbon sera inférieure à notre consommation, notre situation sera toujours difficile par rapport à celle des pays voisins qui produisent le calorique à un prix sensiblement inférieur. La possession de nouvelles richesses houillères peut avoir une influence directe sur la prospérité de cette branche de l'activité industrielle en France.

VII. — Soie artificielle et celluloïd.

La *soie artificielle* est un produit dérivé de la cellulose, c'est la seule fibre artificielle qui ait acquis jusqu'à présent une importance considérable; son industrie, fondée par le comte de Chardonnet, à Besançon, repose sur la solubilisation de la cellulose du coton. On éjecte ensuite cette solution cellulosique à travers des orifices capillaires dans un liquide coagulateur, puis on tord ensemble les brins obtenus ce qui donne de véritables fils utilisés pour le tissage.

Théoriquement, une infinité de solutions sont possibles, mais pratiquement on est limité par le prix des dissolvants de la cellulose et par la nature du produit obtenu qui doit répondre à certaines conditions de ténacité, d'élasticité et de brillant. Trois méthodes sont devenues industrielles :

1° Faire une dissolution de nitro-cellulose peu nitrée dans un mélange d'alcool et d'éther, ce qui donne le collodion susceptible d'être filé. Il faut ensuite dénitrer la soie à l'aide de sulfhydrates alcalins, c'est le vieux procédé Chardonnet encore utilisé à Besançon et même à Lyon;

2° Dissoudre le coton mercerisé dans une liqueur cupro-ammoniacale puis filer les brins dans de la soude concentrée comme coagulateur. Ce procédé avec récupération du cuivre et de l'ammoniaque est employé par l'usine de Givet et par la Société de la soie artificielle d'Izieux ;

3° Le procédé à la viscose qui, par suite de son bas prix de revient, est de beaucoup le plus intéressant, consiste à solubiliser la cellulose par l'alcali et le sulfure de carbone ; on file la solution de xanthate ainsi obtenue dans une solution de bisulfite acide. Bien que la solidité des fibres humides soit assez minime et que certains perfectionnements soient désirables, ce dernier procédé semble être celui de l'avenir. M. Planchon, qui s'occupe depuis longtemps de cellulose, a étudié cette méthode de la viscose dans ses usines de Feysin et de Lyon, depuis il s'est plutôt spécialisé dans la fabrication des films ininflammables. Une usine à Arques-la-Bataille, une autre à La Voulte, une à Saint-Chamond et la Société Ardéchoise pour la fabrication de la soie à Vals-les-Bains, utilisent ces procédés modernes; les trois dernières installations que nous venons de citer sont sous le contrôle de l'importante maison lyonnaise Gillet et fils.

Avant la guerre, les proportions de soie préparée par les divers procédés étaient les suivantes :

Soies nitrocellulosiques	2.500 tonnes.
Soies cupro-ammoniacales	2.500 —
Soies à la viscose	1.000 —

Aujourd'hui la dernière méthode domine nettement les autres et c'est sous sa vigoureuse impulsion que l'industrie lyonnaise de la soie artificielle s'est développée à un tel point qu'elle a pu traverser, sans dommage, la crise de 1921.

Le *cuir artificiel* présente certainement beaucoup moins d'intérêt, surtout en France, où l'industrie de la tannerie est si développée. Cependant, peu d'années avant la guerre, une fabrication importante de ce genre, par le procédé Karl, s'est installée à Saint-Fons. On y faisait, à l'aide de la cellulose, de superbes imitations de cuir de toutes sortes, depuis le cuir grossier pour les usages industriels, jusqu'au cuir de Cordoue pour tentures. Ces produits ont le défaut de manquer d'élasticité et de ne pas être résistants aux agents atmosphériques. On peut très bien les employer pour la garniture des sièges, pour les tentures murales, la maroquinerie, mais ils ne peuvent être utilisés ni pour les harnachements, ni pour les chaussures et encore moins pour les courroies de transmission. Le débouché est ainsi très limité et le prix de revient assez élevé. L'usine de Saint-Fons, malgré sa fort belle installation, n'a pu vivre et a dû s'arrêter.

Le *celluloïd* est également un produit dérivé de la cellulose, il fut découvert par le docteur Pierson, en 1848, mais ne fut fabriqué industriellement que beaucoup plus tard. Ses emplois sont aussi nombreux que variés. Il remplace l'ivoire, le caoutchouc, la corne, l'écaille, l'ambre, dans la fabrication des manches d'ombrelles, des boutons, des brosses, des peignes, des cols et manchettes, des clichés d'imprimerie, etc. La région lyonnaise, plus particulièrement le département de l'Ain, produisent des quantités considérables de celluloïd, et certaines villes comme Oyonnax vivent uniquement de cette industrie et des fabrications qui en dérivent. La Société industrielle de Celluloïd y possède des usines, de même que la Société lyonnaise de Celluloïd; il existe également dans l'Ain des affaires régionales comme la Bellignite et l'Oyonnaxienne.

Chimiquement, le celluloïd est un mélange de nitrocellulose et de camphre effectué en présence d'alcool comme dissolvant; les diverses teintes marbrées et imitations sont obtenues au moyen de pigments ou de couleurs artificielles introduites dans la pâte brute.

Les matières premières qui entrent dans la fabrication sont : le coton transformé en papier mince par diverses usines du Calvados, les acides sulfuriques et nitriques concentrés purs, l'alcool et le camphre. Ce dernier est un produit naturel venant du Japon. On a essayé de l'obtenir par synthèse et il est intéressant de suivre, dans ce cas particulier, un phénomène que nous retrouverons ailleurs : la lutte du produit naturel et du produit synthétique.

Le camphre se retire de la distillation du bois *Laurus camphora* du Japon; sa consommation, longtemps restreinte à des usages pharmaceutiques, prit une brusque extension avec l'invention du celluloïd; en moins de dix ans son prix passa de 2 francs le kilo à 6 francs le kilo en 1903. Alors déjà la chimie songeait à réaliser par synthèse, en partant de l'essence de térébenthine, le camphre qui n'en diffère chimiquement que par un atome d'oxygène.

Malheureusement, la simple oxydation de l'essence ne donne aucun résultat pratique et il faut passer par l'intermédiaire d'un chlorhydrate, ce qui alourdit le prix de revient.

Cependant, au moment de la guerre russo-japonaise, le camphre étant monté à 14 francs le kilo, on réalisa avec avantage le produit synthétique. Aujourd'hui, le produit naturel a repris le dessus, d'autant plus qu'un procédé d'oxydation en présence d'un catalyseur a permis de transformer en camphre le bornéol, produit par un arbre des îles de Bornéo et jusqu'alors inutilisable. Le camphre synthétique réapparaîtra-t-il sur le marché? C'est bien difficile de répondre; si le commerce avec le Japon venait à être fermé, ce serait une nécessité; de même une découverte peut avantager le produit de synthèse; par exemple si l'on parvient à transformer l'essence de térébenthine par oxydation directe. Mais, d'un autre côté, il n'est pas certain que la vogue du celluloïd se maintienne, son odeur camphrée, son excessive inflammabilité sont des inconvénients auxquels on songe à remédier en substituant au camphre des succédanés tels que la gélatine, la naphtaline, etc.

La plupart des usines de celluloïd ont fait des recherches dans ce sens; la Société Lyonnaise, dans son usine de Saint-Fons, réalise un produit ininflammable, à base d'acétate de cellulose en tout point semblable au celluloïd mais, malheureusement, d'un prix beaucoup plus élevé. La Société chimique des Usines du Rhône réalise une substance analogue pour faire des films cinématographiques.

La Société française de la Viscose fabrique une substance agglomérée, le viscoïd; mais, le plus employé des succédanés du celluloïd est certainement la galalithe, qui ne contient ni cellulose ni camphre, et que l'on obtient en insolubilisant la caséine par la formaldéhyde. L'Oyonnaxienne fabrique l'oxyacéthil, à base d'acétate de cellulose, et l'oyogalith en caséine durcie. Une usine, dans la banlieue de Lyon, produit également la bakelyte, préparée en chauffant du phénol et de la formaldéhyde; cette substance, qui rappelle le celluloïd, est employée comme isolant en électricité. Il existait, avant la guerre, une seule usine fabriquant la caséine durcie; il y en a six maintenant: l'industrie des matières plastiques évolue donc selon les nécessités présentes, abandonnant peu à peu le celluloïd pour développer la fabrication des produits similaires; dans cette voie, le plus bel avenir lui est réservé.

VIII. — **Produits divers pour la tannerie et la teinturerie.**

EXTRAITS TANNANTS, PRODUITS POUR L'APPRÊT, LA CHARGE
ET LE MORDANÇAGE DES TISSUS.

La *tannerie* est une industrie caractéristique de la région lyonnaise. On sait qu'elle a pour but de rendre les peaux imperméables et capables de résister à la putréfaction tout en leur conservant la souplesse nécessaire à l'usage. On peut obtenir ce résultat par trois méthodes :

1° Le tannage au moyen de tanins naturels ou d'extraits tannants;

2° Le tannage à l'huile ou chamoiserie;

3° Le tannage aux sels minéraux qui comporte trois variétés :

Le hongroyage, qui a pour but de préparer les cuirs forts destinés aux harnais, et qui utilise l'alun;

La mégisserie, qui prépare les peaux délicates destinées à la ganterie et à la chaussure fine, en utilisant des mixtures à base d'alun, de farine, de jaunes d'œufs, etc.

Enfin, le tannage au chrome, qui a pour but de préparer des peaux de toutes espèces en leur évitant la cause d'altération commune au hongroyage et à la mégisserie, c'est-à-dire la transformation en gélatine par l'eau bouillante. Ce dernier procédé utilise du bichromate, de l'acide chlorhydrique, de l'hyposulfite de soude.

L'*industrie des extraits tannants* est très développée à Lyon où elle existe depuis fort longtemps. Autrefois on ne connaissait que le tannage à l'écorce de chêne; il fallait laisser pendant des mois les peaux dans de grandes fosses, au contact du bois; on obtenait, d'ailleurs, par cette méthode, des cuirs remarquablement bien tannés et ce principe est encore partiellement utilisé. C'est un Lyonnais, Michel, qui découvrit le tanin dans le bois de châtaignier. Plusieurs usines s'organisèrent dans la région pour extraire cette substance tannante et les collines du Lyonnais furent déboisées de leurs splendides forêts de châtaigniers.

Aujourd'hui l'industrie des extraits tannants utilise beaucoup d'autres matières premières : le quebracho, arbre de l'Amérique du Sud, le sumac, le cachou kaki de Bornéo, etc. On fait macérer les bois, on concentre le jus obtenu que parfois on décolore ensuite par l'action de bisulfites alcalins.

Ces dernières années, les fabricants d'extraits livrent aux tanneurs des produits spéciaux permettant le tannage d'une qualité de peau quelconque dans le but d'obtenir un résultat déterminé. La Société de Produits chimiques Blanchon vend de l'extrait de sumac. Quant à la Société Progil, elle fabrique, sous le contrôle de l'ancienne maison lyonnaise Gillet et fils, diverses spécialités et étudie, dans ses laboratoires, la préparation synthétique des extraits tannants.

Dans l'Ardèche, où les forêts de châtaigniers sont nombreuses, il existe plusieurs usines s'occupant de cette fabrication : la maison A. Germain, H. Villez, la Société anonyme des Tanins de l'Ardèche et la Société des Produits chimiques de Saint-Chamond produisent des extraits tannants.

Quant aux sels utilisés en tannerie, ce sont des aluns, des bichromates, que l'on importait d'Allemagne avant la guerre, et qui sont aujourd'hui fournis par les usines chimiques de la région. Nous arrivons, maintenant, à la plus ancienne et la plus prospère des industries lyonnaises qui consiste *dans le travail et la teinture des soies ;* elle n'est pas, à proprement parler, une industrie chimique, mais elle fait appel à la plupart des produits de la chimie.

La fabrication des soieries nécessite, en effet, une foule d'opérations :

La soie grège est composée d'environ 75 p. 100 de fibroïne et de 25 p. 100 de grès ou gomme; seule la fibre est vraiment précieuse, d'où la nécessité d'analyser la matière première afin d'éviter les fraudes. La Chambre de commerce de Lyon organisa, dans ce but. la Condition des soies, dont les laboratoires sont remarquables et qui constitue un modèle pour tous les établissements du même ordre. Toute transaction donne lieu à l'analyse d'un échantillon et le prix dépend logiquement de ces résultats. L'essai des soies, tel qu'il est pratiqué à Lyon, comprend :

— Le conditionnement ou dosage de l'humidité;

— Le pesage ou constatation officielle du poids de la soie ;

— Le décreusage, opération ayant pour but de débarrasser la soie de son grès et autres matières étrangères par dissolution dans de l'eau savonneuse et bouillante ;

— L'analyse chimique, pour prévenir les fraudes, consistant à charger la soie brute par addition de matières minérales;

— Enfin, la détermination du titre de la soie, selon des essais mécaniques, donnant la ténacité, l'élasticité, le tors, le filage, etc.

Rien que par les quantités importantes de savon que consomme chaque jour la Condition des soies pour le décreusage, on peut avoir une idée de l'activité du commerce de la soie à Lyon.

Industriellement, le décreusage ne s'effectue pas toujours.

On appelle *soie teinte en cru* toute soie qui n'a perdu qu'une faible partie de son grès pendant les opérations de teinture.

Les soies souples renferment 10 à 15 p. 100 de grès.

Les soies cuites en sont complètement débarrassées et possèdent, au plus haut degré, les qualités caractéristiques de la soie, l'éclat, le brillant, la souplesse. La préparation des soies diffère donc suivant le produit que l'on désire obtenir. Les soies destinées à être « teintes en cru » sont simplement mouillées et faiblement dégraissées dans une solution de carbonate de soude, elles sont ensuite essorées et rincées. Nous rappelons à ce sujet la spécialité de fabrication, par la maison Lacollonge, d'essoreuses avec revêtement intérieur en caoutchouc. Ces essoreuses sont particulièrement employées pour le traitement à l'eau acidulée, qui transforme les soies précédentes en soies souples par dissolution d'une nouvelle quantité de grès. On peut également obtenir l'*assouplissage* par l'action ménagée d'une solution de savon, une action prolongée, et à l'ébullition produit les soies cuites qui, après rinçage et essorage, présentent cet aspect soyeux si justement réputé. Un dernier passage dans de l'eau légèrement acidulée par de l'acide sulfurique, donne à la soie le toucher craquant, c'est l'origine du fameux frou-frou, révélateur indiscret des dessous soyeux, très à la mode il y a quelques années. Si le dernier rinçage de la soie se fait, au contraire, en bain alcalin, la soie est molle et ne craque pas, sans que le phénomène ait pu être expliqué d'une manière précise.

Ces diverses opérations nécessitent des produits très purs.

Nous avons vu que plusieurs usines lyonnaises fabriquent un acide sulfurique, exempt d'arsenic, spécialement destiné à cet usage.

Quant aux savons, ils doivent être à base d'huile d'olive ou d'arachide et ne pas contenir de trop grandes quantités d'alcali ; la Savonnerie et Stéarinerie lyonnaise produit plusieurs variétés qui correspondent à des durées de décreusage diverses. La qualité de l'eau elle-même a une grande importance, il faut qu'elle contienne le moins possible de chaux et de magnésie qui forment, avec les solutions de savon, des combinaisons insolubles adhérentes à la soie; c'est d'autant plus grave que les bains de savon sont de plus en plus employés pour toutes les opérations de la teinture, ils servent pour la cuite et les vieux bains de savon sont utilisés ensuite comme milieu pour fixer les matières colorantes sur la soie. L'eau du Rhône n'est pas trop mauvaise, mais une épuration au carbonate de soude et à la chaux est recommandable.

Les soies obtenues par ces divers procédés sont déjà de teintes claires, blanches ou jaunes, suivant le cocon dont on est parti ; mais, pour le blanchiment proprement dit, on utilise les hypochlorites, ou le chlore liquide, ou mieux encore l'eau oxygénée dont on fabrique à Lyon de grandes quantités.

Quant à la charge de la soie, elle s'est développée depuis un quart de siècle d'une façon prodigieuse ; on sait que le procédé consiste à fixer sur la soie, par des passages alternatifs dans des solutions de tétrachlorure d'étain et de phosphate de soude, un précipité minéral qui, tout en gonflant la fibre et en augmentant son poids, lui conserve toutes ses propriétés précieuses ; on arrive à diluer ainsi la soie qui est une matière première des plus chères dans un composé à bon marché, c'est-à-dire à abaisser sensiblement le prix des soieries.

Nous abordons, maintenant, le problème le plus important : celui de la teinture proprement dite qui peut se réaliser de bien des manières. Le principe demeure le même : immerger la soie dans un bain de teinture ; la fibre, en vertu de son pouvoir absorbant, attire à elle, peu à peu, la plus grande partie de la matière colorante, on dit qu'elle épuise le bain. Est-ce là un phénomène purement physique ou bien une véritable action chimique ? Les avis sont très partagés. Mais des expériences récentes semblent plutôt confirmer la deuxième interprétation. Dans certains cas, il est mieux de teindre les écheveaux ; dans d'autres, au contraire, on préfère réaliser la teinture en pièces. On opère ainsi pour les tissus très légers, tels que : le crêpe de Chine, dont le brin ne serait pas assez solide pour subir le décreusage et la teinture avant tissage. Cette méthode est également utilisée pour certains tissus mêlés de soie, laine et coton. Cela présente, d'ailleurs, le gros avantage de pouvoir tisser à l'avance en écru des pièces que l'on revêt au dernier moment des couleurs et apprêts réclamés par le consommateur selon la mode du jour.

On peut établir également une distinction, selon les matières colorantes employées, certaines permettant la teinture directe; pour d'autres, il faut, au préalable, imprégner la soie de substances que l'on nomme des mordants. C'est la teinture indirecte. De nombreux produits chimiques peuvent servir :

Ainsi les soies mordancées à l'alun donnent, avec le campêche, une coloration rouge violacé très intense;

Les sels de fer, sulfate, nitrate et acétate, servent à la teinture des soies en noir, le bichromate de potassium sert pour les marrons chargés et les grands teints au cachou;

Le sulfate de cuivre contribue à donner une coloration bleue qui convient pour terminer certains noirs.

Les tanins sont facilement absorbés, aussi bien par la soie écrue que par la soie décreusée; ils se rapprochent, par ce caractère, des matières colorantes; d'ailleurs, associés aux sels ferriques, ils déterminent sur la soie des phénomènes de coloration en noir extrêmement intense; nous avons vu que le tanin peut s'extraire de la noix de galle, du sumac, du châtaignier, etc.

Après tissage et teinture, les étoffes peuvent être revêtues de dessins colorés par impression. Cela donne lieu à une industrie prospère à Lyon et à Saint-Etienne. On utilise presque toujours pour l'impression des matières colorantes nécessitant un mordant; on imprime alors ce dernier et le passage dans un bain de teinture ne laisse de coloration qu'aux endroits mordancés.

Enfin, avant de présenter les tissus à la clientèle, on leur fait subir certains traitements mécaniques ou chimiques afin de réaliser un toucher et un aspect aussi avantageux que possible. Cette industrie des apprêts est une branche importante de la fabrication des soieries. Par l'encollage, le gommage on obtient de la rigidité, et par l'incorporation de substances grasses ou circuses on donne un brillant particulier aux tissus. Cependant, en ce qui concerne la soie, on utilise surtout des moyens mécaniques, tels que le cylindrage, le rasage des duvets à la flamme, le polissage, le gaufrage qui est une impression en relief, et le moirage qui consiste à écraser la trame par endroits pour obtenir des jeux de lumière.

Nous voyons, par ce rapide exposé, que la tannerie et la teinturerie, qui sont les deux grandes industries lyonnaises, nécessitent les produits chimiques les plus variés, aussi bien ceux de la grande industrie minérale : acides, alcalis, chlore, eau oxygénée pour le blanchiment, que les sels pour la charge et des produits organiques pour le tannage et la teinture. La Société Progil fabrique des sels pour l'apprêt, la charge et le mordançage des tissus; la maison Laroche et Juillard réalise des sulforicinates pour teinture et impression; quant aux Produits chimiques Malboux et Camell, ils vendent une gomme spéciale pour l'apprêt.

Mais les teintureries lyonnaises absorbent surtout, chaque année, des milliers de tonnes de matières colorantes dont nous allons étudier la fabrication d'une façon toute spéciale.

IX. — Industrie des matières colorantes.

Nous avons vu que les *couleurs* sont des produits colorés qui, réduits en poudre et mêlés à un fixatif, peuvent servir par simple adhérence de surface à recouvrir les objets : c'est l'art de la peinture. Au contraire, les matières colorantes sont toutes les substances capables d'imprégner d'autres substances, tels que les textiles, les papiers, les cuirs, pour leur communiquer certaines teintes. Il ne s'agit plus d'une couverture en surface, mais d'une action profonde qui, au dire de certains savants, constitue une véritable réaction chimique. D'ailleurs, une matière colorante peut être incolore ou d'une autre coloration que celle qu'elle produira ; la coloration, pour être stable, doit être fixée et résister aux lavages à l'eau : c'est l'art de la teinture. Tandis que les couleurs sont plutôt d'origine minérale, les matières colorantes sont surtout d'origine organique, soit extraites de produits naturels, soit artificiels.

1° MATIÈRES COLORANTES NATURELLES.

C'étaient les seules connues autrefois et la France en exportait de grandes quantités; aujourd'hui, elles sont de plus en plus remplacées par des produits artificiels. Cependant, les colorants destinés à la confiserie et à l'alimentation doivent être exempts de toute matière toxique ou nuisible. La maison Picard, de Saint-Fons, s'est spécialisée dans la préparation de ces produits, de manière à répondre aux exigences les plus sévères du Conseil d'hygiène.

La teinture des cuirs utilise encore des quantités importantes de colorants naturels tels que le campêche, le rouge du Brésil, la cochenille, le fustel; la préparation de ces extraits tinctoriaux est une très vieille industrie lyonnaise représentée par la Société André Blanchon et la Société Progil; mais ces produits naturels, concurrencés par ceux de synthèse, trouvent de jour en jour un débouché plus limité.

2° MATIÈRES COLORANTES ARTIFICIELLES.

C'est à Guinon, de Lyon, que revient l'honneur d'avoir, le premier, employé industriellement un colorant artificiel: il utilisa, dès 1845, l'acide picrique pour la teinture en jaune de la soie. Puis les découvertes se succédèrent rapidement : en 1854 Bechamp trouve le procédé pratique de fabrication de l'aniline, en 1859 Verguin, de Lyon, prépare la fuschine, vers 1875 apparaissent les premiers colorants azoïques sulfurés, en 1882 Monnet, de la maison lyonnaise Gillard, Monnet et Cartier, indique la préparation des aniloziques et de la rhodamine. Aujourd'hui, il existe un grand nombre de familles de matières colorantes.

Nous n'avons pas la prétention de fournir de cette question une étude technique, qui serait, d'ailleurs, affreusement longue et compliquée; ce qui nous intéresse, c'est une vue d'ensemble de la fabrication pour mettre en lumière le nombre et la variété des matières premières, donner une idée des méthodes chimiques nécessaires à leur transformation en produits intermédiaires et, enfin, montrer comment, en partant de ces derniers, on obtient la foule innombrable des colorants :

1° *Matières premières.* — Ce sont les produits de distillation du goudron qui servent de point de départ pour la fabrication des colorants; quatre d'entre eux : la benzine, le phénol, la naphtaline, l'anthracène, sont des chefs de groupe particulièrement importants; nous pouvons donc dire de suite que les pays riches en charbon, comme l'Allemagne, seront privilégiés; cependant, nous voyons la Suisse être un gros producteur de matières colorantes. En effet, bien que la houille serve de point de départ à cette fabrication, il ne faut pas exagérer son importance et ceci pour plusieurs raisons.

D'abord il existe d'autres moyens d'obtenir le benzol qu'en partant du goudron. M. Sabatier indique la décomposition catalytique des pétroles de Bornéo, et surtout de l'essence de térébenthine, dont la France est grosse productrice. Certes, ce dernier procédé semble plus coûteux qu'en partant du charbon, mais il donne, en même temps, une quantité notable d'isoprème, matière première du caoutchouc synthétique. Si demain cette fabrication, facilitée par la hausse continue du caoutchouc brut, venait à absorber les 20,000 tonnes d'essence de térébenthine produite par la région des Landes, on obtiendrait 15,000 tonnes de benzol comme sous-produit.

Mais un autre fait explique l'importance secondaire du charbon dans l'industrie des colorants, c'est que la fabrication exige trois fois plus de produits minéraux que de dérivés du goudron. Acides sulfurique, nitrique, chlorhydrique, chlore liquide, carbonate de soude, soude caustique, sont les matières prépondérantes et, à ce point de vue, Lyon se trouve être une ville privilégiée puisque ses usines chimiques fabriquent tous ces produits ;

2° *Produits intermédiaires.* — Ils sont obtenus précisément en faisant agir les divers acides et bases que nous venons d'énumérer sur les quatre produits essentiels : benzine, phénol, naphtaline, anthracène. Cinq méthodes principales sont utilisées :

La *sulfonation* par acide sulfurique concentré donne les acides sulfoniques;

La *fusion alcaline*, réalisée avec la soude caustique, transforme ces derniers en phénol;

La *nitration* par l'acide azotique concentré et froid transforme les composés aromatiques en produits nitrés:

La *réduction* par de l'hydrogène naissant est une réaction également très employée; ainsi l'aniline, ce produit intermédiaire capital, est obtenu en faisant agir sur le nitrobenzène naissant obtenu par action de l'acide chlorhydrique sur le fer.

Enfin l'*alcoolation* par intervention de certains éthers de l'alcool.

Tous ces traitements chimiques ont lieu dans des cuves

de métal spécial à base de nickel et d'argent; le bain est agité mécaniquement, chauffé à la vapeur en général ou, au contraire, refroidi par une circulation d'eau.

Produits tertiaires. — Ce sont les produits colorants proprement dits, obtenus par combinaison des produits intermédiaires, soit entre eux par action nouvelle sur des acides, des bases ou des alcools. Ceci peut donner une idée du nombre et de la variété des produits obtenus. On peut parler de plusieurs centaines sans exagérer, et comme les colorants pratiques sont eux-mêmes encore des mélanges, on ne peut plus fixer de chiffre pour ces derniers.

Les découvertes, dans ce domaine, ont été nombreuses et on se l'explique en présence du nombre des essais possibles. Nous n'avons pas, comme dans le domaine des parfums, une sorte d'entr'aide entre le produit synthétique et le produit naturel; en ce qui concerne les colorants, c'est une lutte, l'un supplante l'autre, et il n'existe pour ainsi dire plus de matières colorantes naturelles.

L'indigo, autrefois tiré d'une plante originaire de l'Inde, est fabriqué depuis bien longtemps par la Badische-Anilin en partant soit de la naphtaline, soit de l'aniline même. La belle couleur rouge, obtenue en partant de la garance, l'est maintenant par synthèse de l'alizarine. La concurrence est impossible, aussi la plupart des maisons lyonnaises qui fabriquaient des extraits tinctoriaux naturels se mirent à fabriquer des colorants artificiels. Des sociétés de produits chimiques entreprirent également cette fabrication, ainsi la Compagnie française des Produits chimiques et Matières colorantes de Saint-Clair, du Rhône, les Produits chimiques Malfoux et Camell, la Société pour l'Industrie chimique à Bâle, la Manufacture des Matières colorantes. La maison Gillard, Monnet et Cartier, aujourd'hui devenue la Société chimique des Usines du Rhône, s'occupe également de colorants, mais surtout, comme nous l'avons vu, de produits pharmaceutiques et de parfums. Avant la guerre, plusieurs de ces usines furent achetées par les Allemands, ainsi la Manufacture Lyonnaise, la maison Picard, ou encore par les Suisses, comme la maison Huguenin, pendant que la Badische-Anilin s'installait à Neuville-sur-Saône et l'Actiengesellschaft à Saint-Fons.

Aujourd'hui, les usines françaises de la région, délivrées de cette formidable concurrence, ont pris une très grande extension ; leur production est environ le double de ce qu'elle était avant la guerre et l'on peut être certain du très bel avenir de cette industrie.

X. — Les industries alimentaires.

Heureusement pour nous, ce ne sont pas là des industries purement chimiques, elles n'empruntent plus guère à la chimie que ses méthodes et, à l'occasion, quelques produits : de la gélatine, des colorants, des parfums, parfois même des acides. Techniquement, ce sont encore des industries chimiques; économiquement, elles n'en sont pas. Nous ne citerons, d'ailleurs, que les principales :

1° LA BRASSERIE.

On fabrique beaucoup de bière à Lyon, et ce fait peut sembler étrange étant donné la proximité des vignobles de Bourgogne. Pour l'expliquer, il faut se rappeler que Lyon, par sa situation, est un centre de production tout indiqué pour alimenter la région.

La fabrication de la bière nécessite de l'orge et du houblon. Son principe est le suivant : la germination de l'orge détermine la formation, dans cette céréale, d'une diastase qui, bien que non vivante, provoque une fermentation à la manière d'un ferment; le premier soin est donc de faire naître cette germination en humectant les graines et en les laissant dans une cave sans cesser, toutefois, de les remuer à la main ou mécaniquement par le procédé du maltage pneumatique. Puis les grains sont desséchés, c'est le touraillage, et réduits en une farine qui constitue le malt. Le brassage proprement dit s'effectue alors dans de grandes cuves chauffées où l'on agite mécaniquement ce mélange de malt et d'eau. On laisse ensuite reposer pendant trois heures et on soutire le moût que l'on fait bouillir douze heures, tout en ajoutant du houblon; puis on refroidit aussi vite que possible. La fermentation du moût ainsi houblonné, convenablement refroidi, est alors amorcée en ajoutant de la levure dont la qualité influe beaucoup sur le goût final de la bière. C'est précisément pour sélectionner les levures que l'on fait usage de certains acides très purs de la chimie, tel que l'acide fluorhydrique.

Citons les brasseries les plus importantes de la ville : M. Radisson, qui fabrique la bière brune, à Lyon; la maison Schadeck-Babillot et la bière Rinck, très réputée dans toute la région. La cherté des vins, pendant et après la guerre, a facilité le développement de l'industrie de la brasserie qui connaîtra sans doute maintenant des temps moins prospères; les dernières récoltes de vin furent, en effet, très abondantes; les prix se sont maintenus artificiellement et, à l'automne prochain, une baisse importante est à prévoir.

2° La chocolaterie.

C'est également une importante industrie lyonnaise, le chocolat Payraud, le chocolat Gaillard ont à Lyon des usines modèles. On peut citer, également pour la région, le chocolat de Marlieu et le chocolat d'Annecy. On sait que la fabrication du chocolat nécessite, comme matières premières, du sucre, de la farine et du cacao. Cependant on emploie également parfois des produits chimiques comme par exemple la vanilline pour donner du parfum.

3° Les pates alimentaires.

Deux maisons françaises très importantes ont des usines à Lyon : la maison Rivoire et Carret, dont les produits sont universellement renommés, et la Société générale des Pâtes alimentaires de France; enfin, une très ancienne marque lyonnaise, Bertrand et Cie, fabrique toutes les variétés de pâtes, semoules, nouilles, vermicelles, etc. Cette branche d'industrie se développe beaucoup.

4° La confiserie.

Il existe également à Lyon quelques confiseries telle que la confiserie de l'Etoile Française, dont la production est de 3,000 kilos par jour. Citons également la Manufacture lyonnaise de Confiserie; ces industries utilisent certains produits chimiques, tels que la gélatine et les parfums.

5° La biscuiterie.

Elles sont nombreuses à Lyon, citons particulièrement la Manufacture lyonnaise de Biscuits Germain, les Biscuits Myol et les Biscuits Descombes.

6° La vinaigrerie.

Une seule fabrique de vinaigre à Lyon, la Vinaigrerie Modèle, qui confectionne un produit vierge garanti pur vin et d'autres produits bon marché à base d'acide acétique.

Toutes ces industries alimentaires sont prospères, elles ont l'avantage de subir, moins que les autres, les conséquences d'une crise économique. Cependant les fluctuations des cours subies par la farine ont leur répercussion directe sur l'industrie des pâtes alimentaires et de la biscuiterie.

Voici terminée cette première partie de l'étude des industries chimiques lyonnaises. Nous avons passé en revue toutes les branches d'activité en mettant en lumière l'importance relative des diverses matières premières en montrant comment on les transforme, quels sont les sous-produits de chaque fabrication, et ceci nous a permis de comprendre les liens de parenté qui existent entre des industries en apparence très différentes.

Cette dépendance économique, nous l'avons trouvée à tous les degrés : la grosse industrie forme un bloc compact, dont les divers éléments sont étroitement liés; puis, plus ou moins appuyées sur elle, viennent toutes les industries de produits chimiques qui, souvent même, font appel à des matières premières étrangères à la chimie, et l'on arrive ainsi jusqu'aux industries alimentaires qui ne sont plus, à proprement parler, des industries chimiques.

Une découverte, l'utilisation d'un sous-produit, créent brusquement un lien entre deux activités jusqu'alors distinctes, et c'est ainsi que les fabrications diverses arrivent à se grouper. Cette grande famille chimique est à l'image de la famile romaine, qui, tout en constituant un ensemble bien défini, était si nombreuse que l'on y rencontrait tous les degrés de parenté.

Étude des industries chimiques lyonnaises, au point de vue financier, économique et social.

Dans la première partie de notre étude, nous n'avons envisagé la question que sous certains aspects, nous préoccupant, avant tout, de donner une idée des méthodes de fabrication pour mettre en lumière le rôle respectif de chaque matière première et l'importance de chaque sous-produit. Ce premier point de vue était indispensable à connaître comme véritablement caractéristique, étant donné qu'il diffère selon les industries ; nous allons maintenant aborder des problèmes plus généraux, d'ordre financier, économique et social.

I. — ÉTUDE FINANCIÈRE DE L'INDUSTRIE CHIMIQUE LYONNAISE.

1° DIVERSES FORMES D'ENTREPRISE.

Nous trouvons à l'origine, dans cette branche d'activité, comme dans les autres d'ailleurs, des entreprises individuelles qui, peu à peu, ont évolué pour prendre la forme sociétaire. C'est le cas de la maison Stéphane Girard qui, en 1894, se transforma en Société anonyme des Produits chimiques de Fontaine ; c'est également celui de l'importante maison Coignet, dont l'histoire est caractéristique, car elle donne à la fois l'exemple d'une évolution d'entreprise et d'un phénomène de concentration.

La maison fut fondée, en 1818, par dame veuve Dupasquier; son gendre, Jean-François Coignet, prit la direction de l'affaire et, depuis cette époque jusqu'à ce jour, c'est la même famille qui conduisit les destinées de cette industrie des colles et gélatines. La préoccupation des dirigeants qui se succédèrent fut toujours la même : absorber les affaires concurrentes. Vers 1850, les trois fils de François Coignet transformèrent la maison en une société en commandite par actions, Coignet père et fils et Cie; ils adjoignirent la fabrication du phosphore à celle des colles et gélatines. Enfin, en 1914, se constitua la Société des Produits chimiques Coignet par fusion avec la maison Mital et la maison Laprévote; son capital est aujourd'hui de 12,000,000 de francs et elle possède sept usines dans la région.

On peut observer, dans la stéarinerie, le même phénomène de groupement. Nous pouvons citer, comme cas analogue, la Société anonyme des Celluloses Planchon et, dans la branche des extraits tannants, la transformation de la maison Gillet et fils en société anonyme.

Souvent cette évolution de la forme individuelle à la forme sociétaire s'est faite d'une façon progressive en passant par la forme de société en commandite. Quels sont donc les divers motifs d'une semblable transformation? Pour répondre à cette question, nous n'avons pas l'intention d'énumérer tous les avantages des entreprises sociétaires, leur nécessité lorsqu'il s'agit de réunir des capitaux importants, mais nous voulons montrer que, suivant les industries, cette évolution a eu des causes bien différentes. Dans l'exemple que nous avons pris tout à l'heure de la maison Coignet, nous avons vu un premier passage à la forme de société en commandite dicté par un motif familial, les trois fils continuant l'œuvre de leur père. La transformation de la même affaire en société anonyme, juste avant la guerre, avait pour cause la fusion avec deux autres importantes maisons, Mital et Laprévote, qui s'occupaient de la même fabrication; la répartition des intérêts, selon l'importance des apports, se trouvait, de ce fait, facilement réalisée par distribution d'actions. Le but de cette fusion était de coordonner des efforts jusqu'alors concurrents, et de développer, sous une impulsion unique, toute l'industrie des colles et gélatines.

Mais si nous prenons la stéarinerie, nous trouvons d'autres caractères, la fabrication des bougies, qui faisait vivre cinq maisons lyonnaises, subit peu à peu, avec l'apparition de l'électricité, un ralentissement forcé sans que l'on puisse prévoir une reprise d'activité. Ces diverses industries eurent alors l'intelligence de se grouper pour constituer une Société de Stéarinerie et Savonnerie; leur premier soin fut de réduire les frais généraux, de fermer trois usines sur cinq et d'orienter la fabrication du côté savon, ce qui offrait plus d'avenir. Dans le premier cas, nous avions vu une industrie se mettre en société pour faire appel à de nouveaux capitaux, agrandir ses installations, grouper plusieurs usines sous une direction unique en vue d'obtenir un meilleur rendement; dans le deuxième cas, au contraire, plusieurs maisons se mettent en société pour réduire leurs frais généraux et pour faire face ensemble à une situation économique difficile plutôt que de succomber séparément.

Nous avons, dans l'industrie lyonnaise, un autre exemple du même ordre très caractéristique : L'ancienne maison Gillard, Monnet et Cartier était spécialisée dans la fabrication des matières colorantes naturelles; la découverte des produits synthétiques lui donna un premier coup; mais, courageusement, elle transforma sa fabrication et prit des brevets pour les colorants rouges artificiels, cependant l'industrie allemande commença son action envahissante. Cette vieille maison lyonnaise, malgré des efforts méritoires, fut obligée d'abandonner le domaine des matières colorantes; elle vécut misérablement en fabriquant des produits pharmaceutiques et dut se transformer en société anonyme sous le nom de Société chimique des Usines du Rhône. Cette affaire est aujourd'hui devenue très prospère; elle fabrique surtout des produits pharmaceutiques, des parfums et différents produits de synthèse qui lui ont acquis une réputation justifiée.

A côté des cas que nous venons de citer, il y en a de nombreux où la transformation en société ne s'est faite ni à l'occasion d'une fusion, ni par suite de difficultés matérielles mais, au contraire, en pleine prospérité, pour affermir une affaire, lui donner une base plus vaste, la direction ancienne conservant la prépondérance; c'est, par exemple, la transformation de la maison Gillet père et fils en société anonyme.

Il existe encore certaines maisons qui n'ont pas évolué et se transmettent de père en fils comme au bon vieux temps d'autrefois. Le cas est fréquent dans les petites industries chimiques de spécialités : encres, vernis, couleurs. Il est plus rare pour les usines de matières colorantes. Nous citerons la très importante entreprise du Bleu d'outremer, dont la famille Guimet détient pratiquement le monopole depuis qu'un de leurs ancêtres l'a découvert, il y a bientôt un siècle.

A côté de cela, au contraire, il existe dans la région du Rhône, de nombreuses industries, même de très anciennes qui, dès leur naissance, connurent la forme sociétaire. Ainsi la Compagnie du gaz de Lyon est une société anonyme qui date de 1836. Quant à la très importante Société de Saint-Gobain, c'est l'une des plus anciennes entreprises sociétaires de France, puisqu'elle a été fondée en 1665. Nous pouvons dire, en conclusion à ce rapide exposé, que la forme sociétaire tend à devenir l'unique forme d'entreprise dans l'industrie chimique comme ailleurs. Une affaire aujourd'hui est une chose compliquée qui nécessite, de la part du chef, une clarté d'esprit et une puissance de travail que le fils ne possède pas toujours au même degré que le père. L'avenir d'une industrie, pas plus que celui d'un pays, ne doit être soumis aux caprices de l'hérédité.

Mais il existe d'autres raisons très directes, bien que rarement exprimées, qui conduisent les industries à mettre leur affaire en société.

La première est d'ordre fiscal : actuellement, les impôts sur les revenus industriels sont tels que le possesseur d'une grosse usine peut, dans certain cas, avoir avantage à transformer son industrie en une société dont il devient le principal actionnaire.

La deuxième raison est d'ordre successoral : dans le cas d'une entreprise individuelle, il peut survenir, à la mort du père, des difficultés réelles; pour le partage entre plusieurs enfants, ces difficultés, en cas d'héritier mineur, peuvent aller jusqu'à l'obligation de vente.

Aucun de ces ennuis n'existe avec la société anonyme qui présente un ensemble remarquable de qualités et s'affirme chaque jour davantage comme la meilleure forme d'entreprise. Depuis la guerre, on a d'ailleurs assisté à la création d'un certain nombre de nouvelles sociétés chimiques et c'est là une preuve de la vitalité de l'industrie lyonnaise.

2° LE RÔLE JOUÉ PAR LES BANQUES.

Il n'y a pas, à Lyon, de véritable banque d'affaires spécialisée comme il en existe à Paris, où l'Union Parisienne s'occupe plutôt des sociétés métallurgiques et la Banque des Pays-Bas plutôt d'affaires électriques; mais nous pouvons dire que toutes les banques de Lyon ont puissamment contribué à l'essor de l'industrie chimique; aucune n'est demeurée indifférente à cette branche d'activité si caractéristique.

Cependant, elles n'ont pas conservé de véritables participations dans les entreprises qu'elles ont lancées, sauf, peut-être, et dans une modeste mesure, la banque Cottet:

en ce qui concerne le groupe Péchiney, elles ont limité leur rôle à celui d'un intermédiaire. C'est ainsi que le Crédit Lyonnais a contribué à la constitution de la Société chimique de Gerland, de la Société des Sulfures de carbone ; cette même banque, en liaison avec la Société Lyonnaise et la maison Cottet, s'est occupée de l'importante affaire Péchiney ainsi que de diverses autres sociétés du même groupe.

La Banque nationale de Crédit a fondé la Société lyonnaise de Gélatines et Produits chimiques, ainsi que la Société française des Glycérines. La Banque Privée, aidée par le Crédit Lyonnais, a mis sur pied la Savonnerie et Stéarinerie lyonnaise; la Société Générale s'est occupée d'affaires d'aluminium ainsi que de l'Electro-métallurgie du Sud-Est, mais son œuvre principale, en ce qui concerne la chimie lyonnaise, a été de transformer l'ancienne maison Gillard, Monnet et Cartier, sur le point de sombrer, en la Société chimique des Usines du Rhône, qui est aujourd'hui l'une des plus puissantes affaires de la région.

La marche suivie par ces divers établissements de crédit pour financer une entreprise nouvelle est, en général, la suivante :

Effectuer une étude technique qui mette en lumière les possibilités d'avenir ou qui indique, s'il s'agit d'une affaire ancienne, la nouvelle orientation à suivre;

S'assurer ensuite de la surface et de l'honorabilité des éléments qui formeront le conseil d'administration;

Surveiller la constitution d'un syndicat de garantie;

Permettre la mise en route par des avances de fonds et faciliter le classement des titres.

A Paris, certaines banques d'affaires se font représenter au conseil d'administration et conservent un grand nombre d'actions jusqu'à ce qu'elles augmentent de valeur, ce qui peut conduire à une véritable spéculation. A Lyon rien de semblable, car la plupart des établissements bancaires s'occupent, avant tout, d'escompte et de dépôts. Cependant, après le classement des titres, le rôle de la banque n'est pas terminé; elle demeure l'organisme de crédit pour les entreprises qu'elle a créées et s'occupe, par la suite, des augmentations de capital, émission d'actions ou d'obligations.

Ces augmentations de capital furent très nombreuses dans les sociétés chimiques, déjà avant la guerre, en raison du développement de l'industrie. On en compte huit rien que pour la Société Péchiney, qui passa ainsi du capital de 600,000 francs à celui de 80 millions, représenté par 160,000 actions de 500 francs entièrement libérées. Ces augmentations ont lieu pour adjoindre à une société des usines nouvelles, mais parfois également dans le but d'acheter un procédé ou d'obtenir un monopole de fabrication par convention commerciale avec une autre société. La Société Planchon nous en donne l'exemple; elle passe, en 1912, du capital de 3,500,000 francs à 3,980,000 francs par la création de 4,800 actions de 100 francs émises au pair en vue de l'acquisition du Service des Pellicules de la Société Union photographique Industrielle.

Mais les dernières augmentations de capital très considérables qui furent effectuées après la guerre dans toutes les sociétés présentent un autre caractère. Elles sont la conséquence directe de la hausse sur toutes les matières premières. Les industries chimiques furent obligées de demander aux banques des crédits exceptionnels, d'autant plus que simultanément les ventes devinrent moins actives; aussi en présence de l'impossibilité d'amortissement à court terme, les sociétés durent-elles songer à consolider leur dette flottante. Plusieurs d'entre elles firent plus que doubler leur capital. La Société de Saint-Gobain, après avoir émis un emprunt obligatoire de 40 millions, a élevé son capital de 52 millions à 120 millions. De même Péchiney passa en 1918 de 40 millions à 80 millions. Coignet passa de

8 millions à 12 millions en 1921 par émission de 8,000 actions nouvelles de 500 francs et, la même année, les Usines du Rhône, battant tous les records, passèrent de 3,200,000 francs à 21,600,000 francs par émission de 184,000 actions nouvelles de 100 francs.

Remarquons que ces deux dernières émissions eurent lieu en pleine crise 1920-1921. Cependant les titres furent classés facilement. Cela s'explique, car la dépression économique était un phénomène tellement général qu'il n'y avait pas lieu de suspecter l'avenir de telle ou telle industrie. Après la période de production à outrance, une réaction était fatale. Les industries s'étaient habituées à avoir pour acheteur unique l'Etat; elles avaient perdu de vue le côté commercial et la notion de concurrence. Quant à la technique, elle n'avait pas réalisé d'immenses progrès, car il suffisait de produire pour vendre. Une période difficile est toujours plus riche en découvertes et en transformations heureuses, comme conséquence de la nécessité de modifier sans cesse la fabrication pour réduire le prix de revient. Nous voici revenu à une situation plus saine, l'état financier des industries chimiques s'améliore, il existe également davantage de solidarité entre les diverses entreprises d'une même branche industrielle. D'ailleurs, les industriels qui, pendant la guerre, ont été obligés de se réunir en consortium pour obtenir les matières premières, sont demeurés plus unis, groupés en syndicats ou liés par des ententes commerciales.

Par une action moins visible mais tout aussi directe, un même groupe financier contrôle toute une branche industrielle. C'est ainsi que la soie artificielle est, en grande partie, soumise au groupe Gillet. De même que la Société Péchiney contrôle les diverses affaires d'aluminium, Coignet joue un rôle analogue dans l'industrie des colles et gélatines. Dans toute une région de la chimie on trouve ainsi aux conseils d'administration les mêmes personnalités, les mêmes influences, les mêmes banques; c'est une des formes de concentration industrielle, le lien est très effectif tout en conservant de la souplesse.

Ce dernier exemple de l'affaire Péchiney et de ses nombreuses ramifications, nous montre l'esprit entreprenant et la réelle activité des financiers lyonnais. Ils ont fondé et ils dirigent toute une industrie de l'électrochimie dont les usines sont hors de la région. C'est d'ailleurs grâce à cette vigoureuse impulsion et aux initiatives financières que l'industrie chimique lyonnaise a pu obtenir de si beaux résultats économiques.

II. — ETUDE ÉCONOMIQUE DE L'INDUSTRIE CHIMIQUE LYONNAISE.

1.° LA CHIMIE AVANT LA GUERRE.

C'est dans les premières années qui suivirent la guerre de 1870 que l'industrie chimique lyonnaise se développa d'une façon prodigieuse. De cette époque date la création de nombreuses sociétés, très prospères aujourd'hui. C'est en 1872 que la maison Perret fusionna avec Saint-Gobain, déterminant, grâce à ses nouvelles méthodes pour fabriquer l'acide sulfurique, une véritable révolution dans l'industrie chimique. Dans le domaine des matières colorantes, en raison des nombreuses découvertes faites par des teinturiers de la région, les progrès industriels furent rapides et, jusque vers 1880, cette fabrication nouvelle fut très prospère à Lyon. Malheureusement, les Allemands commencèrent à nous faire une concurrence redoutable, les puissantes usines de la Badische-Anilin, qui avaient débuté très modestement, occupaient déjà plus de 5,000 ouvriers; jamais aucune entreprise chimique n'avait connu semblable extension; elle inonda le marché de ses produits. On s'est

demandé souvent quelles sont les causes qui ont donné
à la chimie une telle prospérité en Allemagne. M. Albin
Haller, dans son rapport sur l'exposition de 1900, en indique
plusieurs :

D'ordre politique, comme conséquences de la guerre
heureuse;

D'ordre moral, en raison des qualités du peuple allemand;

D'ordre économique, grâce aux richesses minières de ce
pays.

En ce qui concerne les matières colorantes, il est certain
que les premières découvertes furent lyonnaises; mais un
grand nombre d'entre elles passèrent de France en Allemagne. Les produits brevetés subissaient, du reste, souvent
le même sort en raison de notre législation insuffisante des
brevets et de la législation allemande très favorable à ses
nationaux. Ce fut là le point de départ, mais il faut recon-
naître que nos adversaires ne s'endormirent pas sur leurs
lauriers et produisirent une foule de colorants nouveaux.

En 1878, l'Allemagne fabriquait pour 60 millions de
matières colorantes, l'Angleterre pour 11 millions, la Suisse
7 et la France 4 seulement. L'industrie lyonnaise lutta
pied à pied, mais fabriquant en moins grande quantité,
n'ayant pas autant de facilités pour les matières premières,
elle n'arrivait pas à réduire son prix de revient. D'autre
part, les clauses commerciales du traité de Francfort ren-
daient difficile l'établissement d'une protection douanière.
D'ailleurs, pour éviter ces inconvénients, les grosses maisons allemandes établirent en France des succursales. Les
anciennes usines lyonnaises durent abandonner la lutte,
se laisser absorber par des sociétés étrangères, ou encore,
comme les Usines du Rhône, s'orienter vers d'autres fabrications. La Badische vint s'installer à Neuville-sur-Saône,
la maison Casella organisa la Manufacture lyonnaise des
Matières colorantes, l'Actiengesellschaft eut ses usines à

Saint-Fons. Quelques années encore et l'industrie française
des matières colorantes n'existait plus. Mais en 1914 éclata
la guerre.

2° LA CHIMIE PENDANT LA GUERRE.

Le premier effet de l'ouverture des hostilités fut un effet
négatif : la suppression de la concurrence allemande et
l'arrêt en France d'une foule d'usines où l'influence germanique avait pénétré. C'est alors que l'on s'aperçut nettement à quel point nos voisins de l'Est s'étaient infiltrés chez
nous, dans toutes les branches de l'industrie chimique dont
ils étaient devenus les véritables maîtres.

En 1914, une réorganisation complète s'imposait. Les
usines existantes se mirent à produire chaque jour davantage; beaucoup d'entre elles, qui étaient dans une situation
très difficile à la veille de la guerre, connurent alors une
prospérité incroyable. Mais il fallait songer à créer de nouvelles installations et à remettre en activité les maisons allemandes placées sous séquestre. Une société d'études se créa
dans ce but à Lyon et ce fut l'origine de la Compagnie
nationale des Matières colorantes. Dans certaines branches,
tout était à créer et l'on fut obligé, au début de la guerre,
d'importer le chlore d'Angleterre et d'Italie. Cependant, un
premier programme de 30 tonnes par jour fut établi en
août 1915, puis accru en 1916 et poussé, en 1917, à 50 tonnes
par jour. La région lyonnaise a beaucoup contribué à ce
merveilleux effort. La Société chimique des Usines du
Rhône mit en route, en 1916, une puissante usine pour cette
fabrication. Le groupe Péchiney organisa, en moins de
huit mois à Saint-Auban, une véritable cité industrielle
qui fournissait à elle seule 15 tonnes par jour. Enfin,
c'est encore la finance lyonnaise qui mit sur pied la Société
du Chlore liquide, dont l'usine de Pont-de-Claix commença
à fonctionner en mars 1916. Voilà pour les gaz asphyxiants,

qui jouèrent un rôle considérable dans la guerre. En ce qui concerne les explosifs, nous pouvons citer encore l'industrie lyonnaise. C'est grâce à l'appui fourni par les Usines du Rhône que notre capacité journalière de production atteignit 260 tonnes pour le seul phénol et notre fabrication de mélinite monta ainsi à 500 tonnes. Citons encore la Société de Péchiney qui, dans ses nouvelles installations au Salin-de-Giraud, réalisait 2 tonnes et demie de mélinite par heure.

La grosse industrie chimique qui, nous l'avons vu, est à la base de toute la chimie, se développa également dans de très fortes proportions. Devant les désirs du Ministère de l'Armement, tous les fabricants d'acides, sauf la Compagnie de Saint-Gobain, réalisèrent, sous la forme de syndicat, une union qu'il est à souhaiter de voir survivre aujourd'hui. La production de l'acide sulfurique passa de 1 million à 2 millions de tonnes qui furent entièrement consacrées à la fabrication de l'acide nitrique en utilisant les nitrates du Chili dont nous importions près de 600,000 tonnes par an à la fin de la guerre. On peut se demander avec angoisse ce qui serait advenu si le commerce maritime n'avait plus été possible. C'est d'ailleurs cette préoccupation qui détermina les recherches de Georges Claude et l'achat par la France du procédé Haber, qui réalise par synthèse l'ammoniaque et l'acide nitrique. Avant 1914, l'acide sulfurique servait presque uniquement à la fabrication des superphosphates. Cette industrie disparut complètement pendant la guerre, toute la production d'acide étant utilisée pour la défense nationale. Il serait très désirable aujourd'hui où nous disposons d'énormes fabriques d'acide sulfurique, de voir revivre et se développer l'industrie des engrais. C'est grâce à elle que l'Allemagne a pu vivre malgré sa forte population et son sol ingrat; c'est grâce à elle que nous pouvons espérer nous libérer du blé étranger et devenir ce que doit être la France avant tout : un grand pays agricole.

La guerre a eu des répercussions dans toutes les branches de l'industrie chimique. Ainsi la tannerie. qui au début fléchit considérablement parce que l'Etat s'approvisionna uniquement à l'étranger, prit en 1915 et 1916 un essor considérable. On organisa des centres de tannage dans toute la France et particulièrement dans la région lyonnaise. La fabrication était contrôlée soit par le laboratoire de l'Inspection technique de l'habillement à Paris, soit par le laboratoire de l'Ecolc de tannerie de Lyon. Chacun d'eux fonctionnait comme expert vis-à-vis de l'autre en cas de contestation entre les fabricants. L'Intendance fournissait les matières premières. Quant aux objets fabriqués, ils étaient tarifés de façon à laisser aux industriels un bénéfice raisonnable.

L'industrie des extraits tannants par contre-coup devint très prospère. Le Laboratoire des productions coloniales, avec M. Jalade, M. Schell et M. Meunier, entreprit une foule d'essais pour remplacer l'extrait de quebracho, importé d'Amérique, par des produits venant de nos colonies, tels que l'écorce de palétuvier de Madagascar et l'écorce de mimosa d'Algérie. On fabriqua également en plus grande quantité la chaux et le sulfure de sodium qui servent à l'épilage des peaux. Enfin, la nécessité de produire vite fit faire à la tannerie des progrès techniques remarquables. Signalons à ce sujet le procédé Nance. Les peaux préparées pour le tannage sont suspendues à l'intérieur d'immenses autoclaves, dans lesquels on fait le vide, ce qui déshydrate partiellement la peau. On fait alors circuler dans les autoclaves des solutions d'extraits tannants de force croissante tout en maintenant le vide; dans ces conditions, les surfaces de contact entre les fibres et les jus tanniques sont maxima, et l'absence d'air intérieur permet une imprégnation parfaite et durable. Ce procédé, qui permet un tannage très rapide, ne demande que peu de main-d'œuvre. Aussi s'est-il beaucoup développé.

La guerre donna également une vigoureuse impulsion à notre industrie lyonnaise des colles et gélatines. Les Allemands avaient rêvé de faire dans ce domaine ce qu'ils avaient réalisé pour les matières colorantes. Déjà en 1914 ils possédaient le contrôle financier et la direction technique de plusieurs usines françaises parmi les plus importantes. La guerre mit fin à cet envahissement sournois et nos industriels développèrent la fabrication dans de telles proportions que, malgré une consommation double, la France pu continuer à faire de l'exportation. Des progrès techniques très sérieux furent réalisés, particulièrement en ce qui concerne la gélatine photographique qui, auparavant, nous venait d'Allemagne.

Quant à l'industrie des produits pharmaceutiques, elle dut satisfaire aux besoins immenses des hôpitaux militaires. Les Etablissements Gignoux et Barbezat, Givaudan, Poulenc, et surtout les Usines du Rhône prirent un développement considérable, d'autant plus qu'avant la guerre nous étions encore tributaires de l'Allemagne pour diverses spécialités. Dans cette branche, de grands progrès furent également réalisés. La rhodine et l'aspirine remplacèrent l'antipyrine, la novocaïne disparut devant la rhocaïne, etc.

Enfin, la guerre qui avait donné un formidable essor aux fabrications déjà existantes, amena l'emploi de produits nouveaux. La saccharine devint une substance industrielle pour remplacer le sucre. L'industrie lyonnaise en fabriqua de très grosses quantités et, en 1921, elle en exportait encore 290 tonnes à l'étranger, ce qui représente 22 millions. De même l'équipement des nombreux avions de guerre nécessita des tissus de soie pour la voilure et des vernis spéciaux à base d'acéto-cellulose et d'acétone, qui sont des produits de la distillation du bois.

En résumé, la guerre eut une influence très heureuse sur *l'industrie chimique lyonnaise en la délivrant de l'étreinte germanique, en l'obligeant à réaliser des progrès techniques*

considérables et à développer les fabrications les plus
diverses. L'Allemagne, à la veille de la guerre, connaissait
bien notre faiblesse industrielle sans quoi elle n'eût jamais
osé nous attaquer. Elle avait compté sans l'esprit d'initiative et la vitalité de notre race. Quelques mois ont suffi à
nos techniciens pour organiser la production, faisant ainsi
preuve d'une merveilleuse activité qui n'eut d'égal que le
courage et l'endurance de nos soldats.

3° LA CHIMIE APRÈS LA GUERRE.

La guerre avait provoqué des changements profonds dans
le domaine de la chimie en exaltant certaines branches
d'industrie comme la fabrication des acides, du chlore, etc.;
en étouffant, au contraire, certaines autres comme la fabrication des engrais et du celluloïd. Il était fatal que la paix,
elle aussi, amenât un véritable bouleversement, d'autant
plus que personne n'y était préparé ; elle surprit la plupart
des industriels en pleine période d'installation. L'Etat les
poussait toujours à accroître la production; aussi faisaient-
ils passer une grosse partie des bénéfices dans de nouvelles
constructions. Au lendemain de l'armistice, beaucoup
d'entre eux se trouvèrent avec d'énormes usines en voie
d'achèvement, ayant donc des possibilités de production
considérables mais aucune possibilité de vente.

Ce fait était aggravé par le manque de tout service commercial, cet organe était en effet bien inutile pendant cette
longue période où l'Etat était l'unique et insatiable acheteur. Si l'on songe à l'inertie qui veut que pour mettre en
route comme pour arrêter une fabrication il faut un certain
temps on comprend que cette surproduction, devenue sans
but, ait abouti à une période chaotique, d'autant plus qu'au
même moment réapparaissait la concurrence étrangère.
D'ailleurs, le traité de Versailles lui-même, par certaines
clauses, fut très néfaste à notre industrie chimique. Ainsi
les livraisons de produits intermédiaires de teintures font

un tort réel à notre industrie des matières colorantes qui s'étaient réorganisée pendant la guerre.

Quant à la grosse industrie, elle est en mesure de produire des quantités énormes d'acide sulfurique qui permettraient de fabriquer annuellement 800,000 tonnes de superphosphates. Certes, ce serait là une excellente chose, mais il faudrait en vulgariser l'emploi, d'autant plus qu'il existe aujourd'hui de nombreux autres engrais en France : les sels de potasse d'Alsace, la cyanamide calcique et surtout les scories de déphosphoration dont nous avons de grandes quantités grâce au retour de la Lorraine à la France. Toute une campagne est faite actuellement en faveur des engrais ; elle est très justifiée, car la première condition de prospérité pour la France est de pouvoir se suffire à elle-même. L'importation des blés, étant donné le change défavorable, constitue une charge très lourde dont il importe d'alléger au plus tôt notre balance commerciale.

4° Résultats économiques actuels dans l'industrie chimique lyonnaise.

Cinq années se sont écoulées depuis l'armistice et les anciennes fabrications ont, dans une certaine mesure, retrouvé leur équilibre. La plupart de celles qui étaient nées de la guerre se sont éteintes pour en laisser revivre d'autres qui avaient provisoirement disparu. Après une période incertaine des tendances plus nettes s'affirment aujourd'hui. Aussi est-il intéressant de donner une idée, en ce qui concerne la région lyonnaise, de l'importance relative des diverses branches de la chimie. Nous allons passer en revue les différentes industries, montrer pour chacune dans quelle proportion la région lyonnaise contribue à la production, signaler l'état actuel des importations, des exportations, comparer l'avant-guerre et l'après-guerre pour dégager enfin les tendances actuelles et les possibilités de demain.

Résultats économiques actuels des industries chimiques lyonnaises.

I. — LA GRANDE INDUSTRIE CHIMIQUE.

Les chiffres du tableau de production sont très éloquents et montrent bien comment diverses fabrications, très fortement développées pendant la guerre, se sont brusquement retrouvées, au lendemain de la paix, avec des débouchés très limités et des capacités de production énormes. En ce qui concerne l'acide sulfurique, l'acide azotique et le chlore, la France est en mesure d'être un pays exportateur, et, grâce aux efforts commerciaux réalisés, des résultats ont été obtenus, ainsi que nous le prouve le tableau des exportations.

Le fléchissement que nous pouvons observer dans certaines exportations de 1921 est une des nombreuses conséquences de la crise et de la faible production durant l'année 1920; le progrès réalisé entre 1921 et 1922 indique une tendance extrêmement heureuse. Simultanément, nous pouvons remarquer l'accroissement des importations de pyrites qui, après être montées à 800,000 tonnes en 1916, étaient redescendues à 100,000 tonnes en 1919. La pyrite est, nous l'avons vu, la matière première de la fabrication de l'acide sulfurique; la faible importation de 1919 a eu pour conséquence une faible production d'acide en 1920, d'où le fléchissement de l'exportation en 1921.

La guerre a beaucoup développé l'industrie lyonnaise du phosphore. Nous étions déjà exportateurs de 330 tonnes avant la guerre ; aujourd'hui, nous le sommes pour plus de 4,500 tonnes.

D'autres fabrications de la région, telles que l'eau

oxygénée, le sulfate de cuivre, les sels d'étain permettent aujourd'hui à la France de suffire à ses besoins.

Tableau de production concernant la grande industrie chimique

Produits	1912 Avant guerre		1922 Après guerre		La région lyonnaise %
	Production française	Consommation	Production française	Consommation	
	tonnes	tonnes	tonnes	tonnes	
Acide sulf. à 60°..	58.000	58.000	1 200.000		8 %
Acide sulf. à 52°..	1.180.00·	1 172 000	2.250.000	1.500 000	15 %
Acide azotique...	20 000	18.000	360.000	20 000	8 %
Ac. chlorhydrique	150 000	152.000	2U0.000	150 000	7 %
Chlore	10 000	10 000	90.000	15 000	2 %
Soude........ ..	625.000	500.000	800.000	650.000	3 %
Phosphore..... .	400	80	4 600	100	90 %

Tableau des exportations concernant la grande industrie chimique.

Produits	1920	1921	1922
	tonnes	tonnes	tonnes
Acide sulfurique.	139.000	103.000	253.000
Acide nitrique...	13.000	5.000	80.000
Chlore liquide. .	130	250	1.400
Phosphore	4 000	2.500	4.500

II. — LES PRODUITS CHIMIQUES USUELS.

1° PRODUITS AGRICOLES.

La fabrication du superphosphate peut prendre, en France, une très grande extension en raison de notre capacité de production en acide sulfurique et grâce à l'abondance de nos phosphates d'Afrique. L'exportation de cet engrais a, d'ailleurs, quadruplé depuis 1920, et par une bonne organisation commerciale, on peut faire mieux encore. Malheureusement, les phosphates qui servent à cette fabrication sont des matières premières relativement pesantes et bon marché qui ne peuvent être grevées de gros frais de transport. Les gisements du Maroc, exploités depuis peu, permettent les plus grands espoirs. L'importation des minerais en France, pour leur transformation en superphosphate, est déjà de 100,000 tonnes en 1922; elle dépassera 300,000 tonnes en 1923 et ceci avec le minimum de frais, car on achève actuellement une ligne à voie normale pour relier les mines à la côte.

Quant au sulfate d'ammoniaque, qui est un excellent engrais, la France en produit fort peu, et tant que notre industrie ne nous fournira pas l'ammoniaque synthétique, il en sera de même. Deux ans ont été perdus à discuter si tel ou tel procédé serait préférable et, pendant ce temps, l'Allemagne travaille sans relâche, de sorte que, quelques mois après la terrible catastrophe d'Oppau, elle a pu mettre en activité les nouvelles usines. Nous sommes enfin entrés dans la voie des réalisations par un vote de la Chambre le mois dernier en décidant que l'immense poudrerie de Toulouse serait uniquement affectée à la fabrication de l'ammoniaque, selon le procédé Haber.

N'empêche qu'actuellement, malgré la clause du traité qui oblige l'Allemagne à nous livrer annuellement 30,000 tonnes de sulfate d'ammoniaque, la France importe chaque année des quantités plus importantes de ce produit :

280,000 tonnes en 1920;

700,000 tonnes en 1921;

Et près de 800,000 tonnes en 1922.

Quant au superphosphate d'os, nous avons vu que c'est un sous-produit de la fabrication des colles et gélatines. Le fléchissement de l'exportation de ce produit, en 1921, correspond directement à la crise que cette industrie a subie comme les autres, mais, en 1922, une réaction heureuse a eu lieu. Dans l'ensemble, sauf pour le sulfate d'ammoniaque, notre production d'engrais est très supérieure à la consommation. Pendant la guerre, le paysan n'avait que son travail et la fumure pour rendre la terre fertile; il s'est habitué à se passer d'engrais, si bien que notre agriculture en utilise moins qu'autrefois. Le prix très élevé de tous ces produits en est également la cause. Il est pourtant d'une utilité capitale pour la prospérité de la France d'augmenter le rendement des terres, il importe de convaincre nos cultivateurs qu'acheter de l'engrais c'est une bonne affaire et non une dépense inutile. Il faut surtout les renseigner, leur indiquer quel est l'élément fertilisant qui manque à leurs champs, car un essai malheureux peut provoquer l'entêtement de toute une génération paysanne.

Tableau de production concernant les produits agricoles.

Produits	1912 Avant guerre		1922 Après guerre		Pourcentage de la production lyonnaise
	Production française	Consommation	Production française	Consommation	
	tonnes	tonnes	tonnes	tonnes	
Cyanamide......	7.500	8.000	300.000	300.000	1 %
Sulfate d'ammoniaque ..	75.000	100.000	200.000	150.000	2 %
Superphosphates	2 000.000	2.000.000	2.500.000	2.000.000	5 %
Phosphates moulus......	100 000	100.000	100.000	100.000	10 %

Tableau des exportations concernant les produits agricoles.

Produits	1920	1921	1922
	tonnes	tonnes	tonnes
Superphosphates minéraux..	270.000	700.000	810.000
Superphosphates d'os	100 000	23.000	118.000

2° LES COLLES ET GÉLATINES.

C'est là une industrie bien caractéristique de la région lyonnaise, et l'ensemble des usines de Monplaisir, de Saint-Fons et de Givors réalisent environ le quart de la production française des colles et gélatines. Nous avons toujours été exportateurs de ces divers produits, ce qui ne nous empêchait pas, avant la guerre, de faire venir d'Allemagne des colles, des gélatines ou encore des dextrines et gommelines nécessaires à l'industrie des apprêts. Pour les matières premières, nous étions obligés d'importer, avant la

Tableau de production en ce qui concerne les colles et gélatines.

Produits	1912 Avant guerre		1922 Après guerre		°/₀
	Production française	Consommation	Production française	Consommation	
	tonnes	tonnes	tonnes	tonnes	
Colle et gélatine..	18.000	11 000	22.000	14.000	27

Tableau des exportations concernant les colles et gélatines.

Produits	1900	1910	1920	1921	1922
	tonnes	tonnes	tonnes	tonnes	tonnes
Colle..............	7.000	8.000	5 000	3.000	3.800
Gélatine.........	200	400	700	600	650

guerre, 25 p. 100 des os nécessaires. Au moment de l'armistice, les os de pays ont existé en moins grande quantité parce que la dispersion des troupes a eu pour résultat une diminution de la consommation de viande. Les fabricants de colle forte eurent beaucoup de peine à trouver les matières premières, d'autant plus qu'ils rencontrèrent, en 1919, comme concurrents dans les achats, les fabricants d'engrais qui n'arrivaient pas à se procurer des phosphates naturels. Aussi, la production, immédiatement après l'armistice, fut-elle à peine de 60 p. 100 de celle d'avant-guerre. Le tableau de l'exportation nous indique nettement le fléchissement de 1921 comme conséquence de la crise. Aujourd'hui, la situation est redevenue satisfaisante et les chiffres de 1922 indiquent les progrès de cette industrie.

3° STÉARINERIE ET SAVONNERIE.

Le tableau de la production et des exportations nous montre que cette industrie est florissante en France. La

Tableau de la production concernant la stéarinerie et savonnerie.

Produits	1912 Avant guerre		1922 Après guerre		Pourcentage de la région lyonnaise
	Production française	Consommation	Production française	Consommation	
	tonnes	tonnes	tonnes	tonnes	
Savons	300.000	280 000	500.000	420 000	3 °/o
Bougies.........	30.000	20.000	25.000	15.000	6 °/o
Glycérine	6.500	3 000	70 000	35 000	7 °/o
Acide oléique	350.000	35.000	30 000	30 000	7 °/o

Tableau des exportations concernant la stéarinerie et savonnerie.

Produits	1920	1921	1922
	tonnes	tonnes	tonnes
Savons..	35.000	36.000	45.000
Bougies.........	5.400	3.300	5.000
Glycérine...	3.800	3.100	3.500
Acide oléique....	390	870	640

fabrication des bougies, qui longtemps fut une spécialité lyonnaise, cède peu à peu la place à celle des savons. L'exportation de ces divers produits se fait principalement en Algérie où l'on emploie encore très peu l'électricité. Il est certain que, d'une manière générale, la consommation des bougies ira en diminuant, mais la savonnerie peut encore se développer beaucoup, d'autant plus que la glycérine est un sous-produit dont la valeur augmente chaque jour.

4° PRODUITS SPÉCIAUX.

Produits photographiques.

Lyon est un centre réputé dans le monde entier pour la fabrication des produits photographiques ; les frères Lumière firent, dans ce domaine, de merveilleuses décou-

Tableau de la production en ce qui concerne les produits spéciaux.

Produits	1912 Avant guerre		1922 Après guerre		Pourcentage de la région lyonnaise
	Production française	Consommation	Production française	Consommation	
	tonnes	tonnes	tonnes	tonnes	
Photographie ..	1.100	1.000	1.200	780	65 %
Pharmacie	28.000	22.000	50 000	29 000	13 %
Parfums...	500	300	750	300	11 %

Tableau des exportations concernant les produits spéciaux.

Produits	1920	1921	1922
	tonnes	tonnes	tonnes
Photographiques.	900	430	420
Pharmaceutiques.	21.000	8 500	12.000
Parfums.........	350	200	450

vertes, entre autres le cinématographe et la photographie en couleur. L'industrie du film, à l'origine purement française, passa rapidement en Amérique, puis en Allemagne; cependant, depuis la guerre, nous avons fait de réels efforts pour augmenter notre production. Les plaques auto-chromes sont heureusement restées un monopole lyonnais, aucun autre pays n'ayant réussi leur fabrication. Malheureusement, nous sommes soumis à l'étranger en ce qui concerne les matières premières : le verre mince ni la gélatine de qualité n'ayant pu être obtenus en France.

L'industrie des papiers photographiques et des films a réalisé un effort magnifique; l'exportation de ces deux produits était, en 1920, sept fois plus forte qu'en 1913. Malheureusement depuis, les barrières douanières élevées par plusieurs pays contre les objets de luxe, ont diminué de moitié nos chiffres d'exportation. Dans bien des cas, c'est notre politique protectionniste qu'il faut accuser; pour l'Espagne, notamment, notre vente de produits photographiques est tombée à zéro à la suite de la dénonciation de notre ancien traité de commerce.

La consommation intérieure est demeurée stationnaire, la hausse énorme sur les sels d'argent, d'or et de platine étant un sérieux obstacle à la diffusion de la photographie. Cependant, nous exportons encore, même en Amérique, car nous possédons heureusement certaines spécialités pour lesquelles aucune concurrence ne peut nous atteindre.

Produits pharmaceutiques.

La plupart des usines chimiques lyonnaises ont une section de produits pharmaceutiques; ces fabrications se développèrent beaucoup pendant la guerre et même après l'armistice; c'est ainsi que, de 1918 à 1920, nos exportations ont plus que doublé. Malheureusement, actuellement la concurrence germanique réapparaît et, d'autre part, plusieurs pays nous ferment leurs portes. Nous exportons surtout des alcaloïdes, des sels d'iode, de bismuth, de l'eau

7

oxygénée, les phosphates et glycérophosphates médici-
naux. Par contre, nous sommes importateurs pour le chloroforme. En 1921, notre industrie pharmaceutique a subi
une crise grave, les exportations sont devenues très faibles
sauf pour quelques spécialités, mais les chiffres de 1922
indiquent une tendance meilleure.

Parfums.

L'Allemagne possédait faussement, avant la guerre, la
réputation d'être la première nation fabriquant ces produits;
en effet, si, d'une part, elle exportait pour 34 millions de
parfums naturels et artificiels, son importation dépassait
54 millions de marks, la différence représentant sa consommation intérieure; on peut donc dire que l'Allemagne faisait
le commerce de ces produits et non leur fabrication. Il
n'en est pas de même pour la France qui, déjà avant la
guerre, exportait pour 70 millions de parfums. Ce chiffre,
en 1920, a dépassé 200 millions contre 1 million seulement
d'importation. Malheureusement, cette industrie a subi,
d'une manière très grave, en 1921, les conséquences de la
crise ; la consommation intérieure devint très faible, le
public, en raison des temps difficiles, s'abstint d'acheter les
produits de luxe et se contenta de parfums à bon marché
pour lesquels l'Allemagne nous concurrence sérieusement.
Quant à l'exportation, elle se ralentit de plus en plus. Le
marché russe, avant la guerre, absorbait une bonne partie
de notre production; il fallut chercher d'autres débouchés,
mais la Norvège, la Hollande, l'Espagne nous fermèrent
successivement leurs portes à la suite de notre fâcheuse
politique douanière. Il serait de l'intérêt de la France de
réaliser des accords commerciaux faits de concessions réciproques; l'industrie de la parfumerie émet le vœu, en ce
qui la concerne, que l'on obtienne des gouvernements
étrangers, dans les tarifs de douanes, une taxation *ad valorem* et non spécifique. En effet, à poids égal, il existe

entre les parfums de grandes différences de valeur, et une taxe au poids, qui se fonde toujours sur les produits les plus luxueux, a pour résultat de rendre très difficile, dans les pays qui l'adoptent, l'introduction de notre parfumerie moyenne (eau de Cologne, dentifrices, crèmes). Le décret prohibant l'importation en France des produits de luxe est aujourd'hui rapporté; cette initiative aura certainement des effets heureux. Les chiffres de production et d'exportation, en 1922, laissent déjà prévoir pour l'industrie des parfums un avenir meilleur.

5° PRODUITS DIVERS.

Couleurs, encres, vernis, cirages, caoutchouc, ébonite.

L'industrie des vernis, peintures préparées et laques figure pour un gros chiffre dans le commerce local et même dans le commerce extérieur ; les encres françaises sont très appréciées à l'étranger et, en 1920, nous en avons exporté pour près de 10 millions.

Quant aux diverses fabrications qui dérivent du caoutchouc, elles sont très prospères. Malheureusement, nos colonies ne suffisent pas à nous fournir la matière première, mais, en ce qui concerne les objets manufacturés, nos importations et exportations se balancent à peu près. Cette industrie traverse, actuellement, une période difficile en raison de la hausse constante du caoutchouc brut qui a presque doublé de prix en une année, mais les besoins dépassent la production, aussi la vente demeure-t-elle facile.

La fabrication des cirages est très importante à Lyon; l'exportation de ces produits avait triplé de 1910 à 1920, malheureusement elle diminue sensiblement depuis deux ans par suite de la concurrence anglaise, américaine et allemande.

Tableau de production concernant les produits divers.

Produits	1912 Avant guerre		1922 Après guerre		Pourcentage de la production lyonnaise
	Production française	Consommation	Production française	Consommation	
	tonnes	tonnes	tonnes	tonnes	
Encres et couleurs	8 400	2.600	8.200	3 400	1,5 %
Minium	10.000	9.300	12 000	11.200	0,5 %
Outremer.	3 600	900	3.000	950	26 %
Cirage....	5 000	3.700	5.200	4.000	31 %
Caoutchouc, ébonite	15.900	6 000	22.000	29.400	4 %

Tableau des exportations en ce qui concerne les produits divers.

Produits	1920	1921	1922
	tonnes	tonnes	tonnes
Couleurs	6.400	4 800	6 000
Encres	2.500	1 150	1 300
Outremer........	2.620	2.000	1.990
Cirage	1.950	1 075	855

6° MATÉRIAUX DE CONSTRUCTION.

Chaux, ciments, céramique et verre.

La région lyonnaise participe, dans une certaine mesure, à cette branche industrielle, particulièrement en ce qui concerne le ciment. Aujourd'hui, nous sommes, comme avant la guerre, de gros exportateurs pour ce produit, mais, en revanche, nous importons de la chaux.

Dans la vallée du Rhône, on fabrique des porcelaines spéciales pour l'électricité, environ 9 p. 100 de la production totale, et des récipients en grès pour la manipulation des acides, environ 13 p. 100 de la production française; la guerre a beaucoup contribué au développement de ces deux dernières fabrications, car, auparavant, nous étions entièrement tributaires de l'étranger.

Tableau de production concernant les matériaux de construction.

Produits	1912 Avant guerre		1922 Après guerre		Pourcentage de la production pour la région lyonnaise
	Production française	Consommation	Production française	Consommation	
	tonnes	tonnes	tonnes	tonnes	
Chaux.......... ..	109.000	420.000	230.000	360 000	4 %
Ciment.....	430.000	400.000	450.000	450.000	6 %
Porcelaine.......	22.400	18.000	20 800	18 200	2 %
Bouteilles	350.000	300.000	3.200.000	230.000	3 %

Tableau des exportations concernant les matériaux de construction.

Produits	1920	1921	1922
	tonnes	tonnes	tonnes
Ciment..........	14 860	13.600	20.690
Porcelaine	1.990	2.060	1.870
Bouteilles........	6.790	8.920	8.530

7° SOIE ARTIFICIELLE ET CELLULOÏD.

L'industrie française de la soie artificielle compte de nombreuses usines dans la région lyonnaise et une très importante fabrique à Givet; mais cette dernière ne put être remise en route qu'en 1920, les Allemands ayant, pendant la guerre, expédié tout le matériel en Allemagne et en Russie. Entre le début et la fin de l'année 1919, la production a doublé en France grâce à la remise en route des anciennes usines dont certaines fabriquèrent du collodion pendant la guerre. Le prix de revient de la soie artificielle augmente sans cesse, la matière première vient de Norvège et son prix est influencé d'une façon désastreuse par la dépréciation du change. Malgré cela, la consommation dépasse de beaucoup la production et les sociétés françaises sont obligées d'acheter en Suisse et en Belgique des quantités importantes de soie artificielle; on cherche à développer sans cesse les usines de la région et cette fabrication est la seule à n'avoir pas souffert de la crise de 1921. Un compte rendu des travaux de la Chambre de commerce de Lyon, qui vient de paraître, donne à ce sujet de précieux renseignements. Le prix de la soie viscose, de plus en plus recherchée, est passé de 15 francs le kilo à 125 francs en 1920, pour retomber à 40 francs en août 1921 et pour croître à nouveau régulièrement jusqu'à 65 francs à l'heure actuelle. La fabrication des tissus de soie artificielle, estimée à 80 millions en 1921, chiffre égal à la production de 1920, atteindra sans doute 85 millions cette année. M. Burelle, dans un rapport sur les industries chimiques, signale que « cette industrie bien française qui intéresse tout particulièrement la grande fabrique lyonnaise », a été, durant ces dernières années, la branche industrielle la plus prospère de notre pays; et il faut espérer que bientôt elle pourra non seulement suffire aux besoins croissants de nos filatures, mais encore réaliser de l'exportation.

Nos usines de celluloïd, nombreuses également dans la région lyonnaise, ont fabriqué du coton-poudre et du collodion pendant la guerre; aujourd'hui, nous pourrions produire trois fois plus qu'en 1914, mais la disette du camphre et, d'autre part, notre importation d'objets en celluloïd qui a dépassé l'exportation en 1921, contribuent à gêner cette industrie. Par contre, notre fabrication de galalithe est devenue prospère et nous avons exporté, en 1922, 2,000 tonnes de ce produit qui remplace avantageusement le celluloïd.

Avant la guerre, une usine de Lyon contribuait pour 15 p. 100 à la production française du cuir factice, mais cette fabrication est aujourd'hui partiellement abandonnée Dans l'ensemble, toutes ces industries dérivées de la cellulose, surtout la soie artificielle, ont un magnifique avenir.

Tableau de production en ce qui concerne les dérivés de la cellulose.

Produits	1912 Avant guerre		1922 Après guerre		Pourcentage de la région
	Production française	Consommation	Production française	Consommation	
	tonnes	tonnes	tonnes	tonnes	
Soie artificielle..	1.950	1.150	3.560	3.560	57 %
Celluloïd et dérivés......	4.500	3.500	7 200	3.600	8 %
Acétate de cellulose.	60	60	600	600	13 %

8° TANNERIE ET TEINTURERIE.

a) *Produits de tannerie.*

Avant la guerre, en matière de tannerie, la France tenait le premier rang parmi les pays d'Europe, avec une production évaluée à 600 millions; la région lyonnaise y contribuait pour 18 p. 100 et fabriquait plus spécialement les courroies de machines et les cuirs à chapeaux.

La guerre apporta dans cette industrie un véritable bouleversement. Ce fut d'abord un arrêt complet, puis une reprise lente sous la tutelle administrative et, vers la fin des hostilités, un véritable essor qui s'arrêta brusquement avec la paix. En effet, en 1919, un décret extrêmement malheureux rendait brusquement la liberté au commerce des cuirs et peaux, ceci malgré l'avis des gens compétents qui avaient prédit qu'une telle mesure entraînerait une hausse considérable. C'est ce qui se produisit ; les Américains eurent beau jeu, avec leur change favorable, de concurrencer nos fabricants dans l'achat des produits bruts, dont les prix doublèrent et triplèrent en moins d'un an. Les consommateurs réclamèrent à leur tour, en présence du prix exagéré des chaussures. Le Parlement vota alors un projet de loi interdisant la sortie des peaux; mais ce projet n'ayant pas été présenté au Sénat en temps utile, la question demeura sans solution. En mars 1920, le Gouvernement comprit enfin la nécessité d'un décret; il donna à une commission, composée de négociants et de tanneurs, la mission de retenir les articles jugés nécessaires au pays et de faciliter l'exportation des autres. L'effet de cette mesure ne se fit pas sentir immédiatement ; le prix des matières premières baissa mais pas celui des objets fabriqués. On entrait d'ailleurs dans la crise de 1921 qui affecta toutes les branches de l'industrie.

Au début de 1922, le calme se rétablit et aujourd'hui on pourrait envisager l'avenir avec confiance si de nouveaux sujets d'inquiétude ne venaient préoccuper sérieusement notre commerce d'exportation. C'est d'abord la concurrence de la part de l'Allemagne, grandement facilitée dans ses ventes par la baisse du mark ; elle avait eu la précaution, pendant la guerre comme pendant la paix, d'interdire la sortie des peaux brutes de son territoire.

Un autre danger menace la tannerie française; ce sont les tarifs douaniers prohibitifs qui apparaissent successivement dans la plupart des pays, particulièrement en Amérique.

La fabrication de plusieurs produits dépend de la prospérité de notre industrie des cuirs, entre autres celle des extraits tannants qui est très développée dans la région lyonnaise; on peut évaluer à 600,000 tonnes le poids des bois de chêne et de châtaignier pris sur notre sol chaque année, avant la guerre, pour alimenter cette industrie. En 1913, on importait également 38,000 tonnes de bois de quebracho venant de l'Amérique du Sud. La quantité d'extraits retirée de ces différentes sources s'élevait alors à près de 200,000 tonnes, valant de 25 à 30 millions. Pendant la guerre, la production française s'est beaucoup ralentie et nous avons dû importer de grandes quantités d'extraits. Depuis 1918, notre situation est la suivante : Nous sommes toujours exportateurs d'extraits indigènes (galles, sumac, châtaignier) et d'extraits faits en France avec des produits non français, mais nos expéditions sont allées en décroissant de 18,000 tonnes en 1918 à 10,000 tonnes en 1920. Elles se sont heureusement relevées depuis avec 24,000 tonnes en 1921 et 40,000 en 1922. Pour les importations de bois de quebracho, le mouvement fut exactement opposé puisque les importations passèrent de 30,000 tonnes en 1919 à 35,000 tonnes en 1921, par suite des stocks accumulés à la fin de la guerre; en 1922, le chiffre des tonnes importées est revenu au voisinage de 30,000.

b) *Produits de teinturerie.*

En ce qui concerne la teinture, l'impression et l'apprêt des tissus, le département du Rhône tient la première place. On peut évaluer à 33 p. 100 la part d'activité de la région de Lyon dans cette branche industrielle, bien avant le Nord dont la part contributive n'est que de 19 p. 100.

Cette industrie très prospère en 1913 subit, du fait de la guerre, un arrêt prolongé ; puis elle reprit en 1919, mais sans retrouver son ancienne activité. En 1920 et 1921 la crise se fit sentir très durement. D'autre part, la pratique du teint en pièces amena la disparition presque complètement des articles de fonds du teint en fil. La production, qui n'était déjà que la moitié de celle d'avant-guerre, subit un nouveau recul. Le prix de la main-d'œuvre et les difficultés d'exportation sont, pour cette industrie, de gros obstacles. L'année 1922 marque une amélioration, mais il faudra encore longtemps pour voir la teinturerie retrouver sa prospérité ancienne.

9° MATIÈRES COLORANTES.

Avant la guerre, la région lyonnaise était un des centres principaux de cette fabrication délicate ; malheureusement la plupart des usines étaient les filiales de firmes allemandes. Nos teinturiers utilisaient annuellement 9,000 tonnes de matières colorantes synthétiques valant environ 30 millions de francs. Sur cette somme globale, 10 à 12 millions provenaient des usines d'Allemagne et 12 millions étaient fabriqués en France par des filiales allemandes qui recevaient des maisons mères les produits intermédiaires nécessaires. Le tableau ci-contre montre la situation exacte en 1913.

Situation de l'industrie des matières colorantes en 1913.

		francs.
Matières fabriquées en France	Usines françaises.......	3.000.000
	Succursales allemandes	12.000.000
Matières importées	Produits intermédiaires.	8.000 000
	Colorants divers........	6.000.000
	Indigo.................	2.500.000
	Alizarine	1.400.000
	Total...	30.000 000

Pendant la guerre, notre production s'est beaucoup développée. En 1917, les usines de la région lyonnaise ont, à elles seules, produit 1,225 tonnes de colorants, davantage que toutes les usines françaises réunies en 1913. Sitôt après l'armistice, un énorme programme a été élaboré pour produire en France tous les colorants qui lui sont nécessaires. Il fut question de permettre aux industriels désirant monter ces fabrications, d'y consacrer l'impôt sur le super-bénéfice ; l'idée était de tout mettre en œuvre pour permettre à la France de devenir un pays exportateur de

Tableau concernant la production en matières colorantes dans divers pays.

PAYS	1913	1920	1921
	tonnes	tonnes	tonnes
Allemagne.......	125 000	47.000	53 000
États-Unis.... ...	3.300	28 000	17 700
Angleterre	2.000	26.000	7.000
Suisse.	8 000	12.500	6.000
France.........	1.000	7 350	5 850

colorants. La Chambre de commerce de Lyon, à la suite d'un lumineux rapport, présenta un projet de tarifs douaniers destiné à protéger l'industrie naissante. M. Sisley montra comment, avant toute chose, il était nécessaire de frapper d'un droit protecteur les dérivés du goudron, de la houille, en tenant compte que cette fabrication française, à ses débuts, devait faire un coûteux apprentissage et améliorer son matériel. Il indiqua également, en ce qui concerne les matières colorantes, l'impossibilité d'établir un tarif *ad valorem*, en raison de la complexité des substances, et montra qu'une division en familles chimiques, frappées chacune d'un droit uniforme, rendrait le contrôle très facile. Il concluait à l'avenir certain de notre industrie des matières colorantes ainsi protégée. Malheureusement, il est bien tard pour prendre position sur le marché mondial, non seulement à cause de la concurrence allemande, mais aussi parce que, pendant la guerre, l'Amérique et l'Angleterre ont donné un grand essor à leur industrie des matières colorantes.

Ces considérations contribuèrent à l'adoption d'une solution plus modérée: Obliger l'Allemagne, par une clause du traité, à nous fournir des demi-produits ainsi que des teintures, et développer suffisamment notre propre industrie pour suffire, par la suite, entièrement à nos besoins. Ce résultat a été obtenu plus tôt qu'on ne le pensait, malgré les manquements de l'Allemagne dans ses livraisons. Alors qu'en 1912 notre chiffre des achats était sept fois plus important que celui des ventes, il n'était plus que double en 1919. Enfin, en 1922, pour la première fois depuis trente ans, nos exportations ont dépassé nos importations. Malheureusement, ce résultat est en partie la conséquence de la faible consommation de nos teintureries; mais cette réserve étant faite, il serait injuste de méconnaître l'effort réalisé par l'industrie des matières colorantes qui s'est développée, depuis la guerre, en France plus que dans aucun autre pays ainsi que le prouve le tableau ci-contre. Pour protéger cette industrie française rénovée, il a fallu ériger des barrières douanières assez élevées. N'oublions pas, d'autre part, que durant cinq années l'Allemagne doit livrer le quart de sa production en colorants aux Alliés. Pour la répartition de ces colorants et pour coordonner ces livraisons avec les efforts faits en France dans ce domaine industriel, il s'est fondé, en 1919, l'Union des Producteurs et des Consommateurs pour le développement de l'Industrie des Matières colorantes en France. L'activité de ce groupement est mise en lumière par le petit tableau suivant qui donne les quantités de colorants importés d'Allemagne par prestation ou par achat de gré à gré.

Certes, nous serons encore obligés d'importer, car il nous manque de nombreuses spécialités. Mais des conventions internationales, déjà réalisées en partie, vont, sans doute, réserver ces fabrications très particulières aux usines allemandes. Ce n'est pas là un fait regrettable car, comme M. Sisley l'a fait très justement remarquer, parmi les milliers de colorants existant sur le marché avant la guerre, deux cent cinquante seulement représentent 85 . p. 100 du tonnage total, et c'est à leur fabrication que la France doit borner son effort pour être pratiquement libérée de toute servitude étrangère.

Importation de colorants d'Allemagne	1919	1920	1921
	tonnes	tonnes	tonnes
Colorants de prestation........	606	2.567	330
Colorants achetés de gré à gré..	913	1 401	8,5
	1.519	3.968	338,5

Le résultat cherché est aujourd'hui obtenu, et nos teinturiers se déclarent satisfaits, malgré ce vieil esprit qui fait toujours préférer, en France, ce qui vient d'ailleurs. Il reste, néanmoins, des causes d'incertitude pour l'avenir au point de vue financier : Les sommes engagées dans les entreprises françaises de produits colorants dépassent 160 millions de francs; pour rémunérer d'une façon normale un capital aussi élevé il faudrait arriver à un chiffre d'affaires très supérieur au chiffre actuel. Or, les industries de la teinture ne progressent que lentement, leur consommation en matières colorantes n'est que de 6,000 tonnes contre 9,000 tonnes avant la guerre; elle ne semble pas susceptible d'être augmentée rapidement. Même en remplaçant par des colorants artificiels les colorants naturels encore employés, on n'arriverait à augmenter le chiffre d'affaires que de 20 p. 100 tout au plus.

Tous ces problèmes intéressent au plus haut point la région lyonnaise qui contribue pour 14 p. 100 à la production française des colorants naturels et pour 38 p. 100 à la fabrication des colorants artificiels. Pouvoir vendre à l'étranger, telle est la seule solution à cette situation qui menace de devenir critique; mais pour obtenir ce résultat très difficile à atteindre, il faut développer en France les méthodes scientifiques qui sont, depuis longtemps, celles de la chimie allemande. C'est à cette seule condition et avec l'aide de l'esprit inventif des Français que nous pouvons espérer prendre position sur le marché mondial des matières colorantes.

10° LES INDUSTRIES ALIMENTAIRES.

Nous avons vu que cette branche industrielle était prospère à Lyon. La meunerie, la biscuiterie, les pâtes alimentaires, la brasserie, la chocolaterie, la confiserie occupent, dans l'ensemble du département du Rhône, plus de 10,000 personnes. En particulier, la région lyonnaise contribue pour 21 p. 100 à la fabrication française des pâtes alimentaires. Quatre maisons s'occupent de cette production à Lyon et dans les environs; elles ont de nombreuses filiales dans toute la France et contrôlent plus de la moitié de la production totale.

Toutes ces fabrications demeurèrent soumises, même après la guerre, au Ministère du Ravitaillement pour les approvisionnements en semoules et en farines.

Malheureusement, par suite de la mauvaise récolte, les quantités cédées par le Gouvernement en 1920 furent nettement insuffisantes; la production, à peine les trois quarts de celle d'avant-guerre, ne suffit pas à notre consommation. La situation devint encore plus mauvaise au moment de la crise et demeura stagnante jusqu'en août 1921, date à laquelle les industries alimentaires cessèrent d'être sous le contrôle du Ministère du Ravitaillement. Cette liberté et la sécheresse survenue en juillet donnèrent aux affaires du second semestre de la même année un essor merveilleux et, bien que la production ait un peu fléchi en 1922, la situation demeure très satisfaisante.

Nos exportations, qui avaient cessé depuis la guerre, sont en reprise ; les usines de Lyon ont organisé des filiales dans les ports, à Marseille et au Havre, pour pouvoir concurrencer plus facilement l'industrie italienne. Dans l'ensemble, cette branche industrielle a retrouvé sa prospérité d'avant-guerre et peut espérer le plus bel avenir.

5° Classement par importance des industries chimiques lyonnaises.

Il est intéressant, pour donner une conclusion à cette étude économique de la région lyonnaise, de présenter une liste des diverses fabrications, par ordre d'importance relativement à la production totale française. Lorsque l'on pense que la région lyonnaise représente environ 5 p. 100 de la surface et de la population de la France entière, on se rend compte que Lyon est véritablement un centre de l'industrie chimique française. Une autre remarque s'impose : C'est que, pour toutes les branches industrielles que nous avons étudiées, sans exception nous trouvons un fléchissement plus ou moins important à la fin de 1920 et au début de 1921. Il existe donc certainement, pour expliquer cette période de crise, non seulement des motifs spéciaux à telle ou telle industrie, mais également des raisons d'ordre général que nous allons essayer de dégager.

Tableau des fabrications chimiques de la région lyonnaise par ordre d'importance.

PRODUITS	Pourcentage de la production lyonnaise par rapport à la production de la France entière.
Phosphore	90 0/0
Produits photographiques	65 0/0
Soie artificielle	57 0/0
Matières colorantes synthétiques	38 0/0
Teinturerie	33 0/0
Cirages	31 0/0
Colles et gélatines	27 0/0
Outremer	26 0/0
Produits alimentaires	21 0/0
Tannerie	18 0/0
Acide sulfurique 52°	15 0/0
Matières colorantes naturelles	14 0/0
Acétate de cellulose	13 0/0
Produits pharmaceutiques	13 0/0
Parfums	11 0/0
Phosphates d'os	10 0/0
Acide sulfurique à 60°	8 0/0
Acide azotique	8 0/0
Celluloïd	8 0/0
Acide chlorhydrique	7 0/0
Glycérine	7 0/0
Acide oléique	7 0/0
Bougies	6 0/0
Ciment	6 0/0
Superphosphate	5 0/0
Caoutchouc, ébonite	4 0/0
Chaux	4 0/0
Bouteilles	3 0/0
Soude	3 0/0
Chlore	2 0/0
Porcelaine	2 0/0
Sulfate d'ammoniaque	2 0/0
Encres et couleurs	1,5 0/0
Cyanamide	1 0/0

6° Causes de la crise 1920-1921.

Un ensemble de faits se sont ligués pour bouleverser à la fois les conditions de la production et celles de la vente.

En ce qui concerne la production : Les divers facteurs du prix de revient se trouvèrent modifiés.

Les matières premières, depuis la fin des hostilités, avaient subi une hausse constante ; aussi les industriels n'hésitaient pas à faire des stocks importants d'autant plus que les transports fonctionnaient d'une manière très irrégulière, effectuant les livraisons avec plusieurs mois de retard. Brusquement, les prix commencèrent à baisser et ce fut la cause de pertes considérables pour de nombreuses maisons. Seul, le charbon continuait encore son ascension, rendant chaque jour plus difficiles toutes les fabrications. Cette hausse, provoquée par des demandes exagérées, fut elle-même suivie par une baisse trop tardive et qui, en raison des stocks, eut les plus fâcheuses conséquences. La crise des transports exagéra donc les effets néfastes du passage toujours difficile d'une période de hausse à une période de baisse.

Les salaires atteignaient, au même moment, leur chiffre le plus élevé, quatre fois supérieur à celui d'avant-guerre. La loi de huit heures vint ajouter sa fâcheuse influence en provoquant une diminution de la production sans réaliser d'économie. Quant au prix de la vie, il demeurait plus élevé que jamais, en raison de la mauvaise récolte de 1920 et du prix exorbitant des objets manufacturés. De longtemps on ne pouvait prévoir une amélioration, car les commerçants, préoccupés par les difficultés de transports, avaient fait de gros stocks au plus haut cours. Il était donc bien difficile de réaliser une baisse des salaires, et les quelques essais dans cette voie n'eurent que grèves et désordres pour résultats.

En ce qui concerne la vente : Les industries étaient dans une situation plus embarrassée encore. Elles se trouvaient au lendemain de l'armistice avec un service commercial complètement désorganisé; elles perdaient, du jour au lendemain, leur unique client : l'Etat ; beaucoup d'usines, nées de la guerre, n'en avaient jamais connu d'autre, et ce n'est pas en un jour que l'on peut se créer une clientèle.

Simultanément, avec la plus grande maladresse, les agents du Gouvernement jetaient d'un seul coup sur le marché les énormes stocks de guerre, liquidés d'une manière bien fâcheuse. Et pour comble, reparaissaient la concurrence étrangère et l'insolente supériorité germanique en ce qui concerne l'industrie chimique.

La lutte n'était pas possible et le Gouvernement crut bien faire de barricader la France avec des tarifs douaniers. Mais cette mesure elle-même se montra très malheureuse, car elle provoqua des représailles qui gênèrent énormément nos rares industries de luxe qui faisaient encore de l'exportation. En résumé, ce fut une période cahotique, très difficile et dont nous sommes heureusement sortis aujourd'hui; les transports ont repris leur régularité, les prix pour toute chose s'équilibrent peu à peu et l'industrie s'oriente vers un avenir meilleur.

III. — **ETUDE SOCIALE DE L'INDUSTRIE CHIMIQUE LYONNAISE.**

Bien que l'industrie chimique soit une des branches de l'activité industrielle qui nécessite le moins de main-d'œuvre, on peut évaluer à 30,000 environ le nombre des personnes qu'elle fait vivre dans la région lyonnaise. Ce chiffre comprend le personnel technique et le personnel ouvrier. Nous allons les étudier séparément.

1° Le personnel technique.

Une usine de produits chimiques présente le caractère industriel de toute grosse entreprise ; il lui faut un chef ayant l'esprit clair, une grande puissance de travail et le don de l'organisation. Ce ne sont pas les études qui font un tel homme, mais avant tout le caractère personnel, la santé, l'intelligence et surtout l'ambition. N'empêche que l'éducation et l'instruction demeurent des éléments très utiles pour la formation du chef d'entreprise. Peu importe qu'il sorte de Centrale, de Polytechnique ou d'une école de chimie, l'essentiel c'est qu'à la base il ait reçu une bonne éducation et qu'il porte l'empreinte d'une solide culture classique ; ce sont là les principes essentiels de l'ascendant moral; c'est l'héritage le plus précieux que puissent nous léguer nos parents. Français, il doit avant tout bien connaître sa langue, un ordre précis n'est jamais discuté; un langage choisi est toujours écouté, il caractérise l'homme d'élite.

Quant à l'éducation scientifique, elle doit être très étendue sinon très approfondie, car l'essentiel pour un chef d'industrie, c'est de savoir que les choses existent, soit pour s'en méfier, soit pour s'en servir. L'enseignement dans le champ trop vaste de la technique ne peut prétendre à donner une culture définitive, mais il doit éveiller la curiosité sur toute chose, fournir à l'ingénieur des moyens d'étude et la possibilité d'approfondir ses connaissances dans la branche industrielle qu'il aura choisie. Peu d'années après la sortie des écoles, on a déjà beaucoup oublié, mais on possède pour sa vie entière une méthode de travail qui vous permet d'aborder tous les sujets et de recueillir avec fruit les enseignements de la pratique.

L'industrie chimique diffère des autres industries parce qu'elle nécessite aux côtés du chef d'entreprise une foule d'ingénieurs spécialisés, destinés à conduire judicieusement la fabrication et surtout à réaliser des recherches scientifiques. Il existe en France plusieurs écoles qui préparent d'excellents chimistes : celle de Lyon pratique un enseignement très logique, donnant une part prépondérante aux travaux de laboratoire sans négliger cependant les cours théoriques. Il y a également dans notre ville, une très bonne école de tannerie qui forme des ingénieurs spécialisés de grande valeur. Les industriels de la région lyonnaise utilisent un grand nombre de ces jeunes techniciens, mais pas toujours d'une façon très heureuse; ils ont une tendance à faire du chimiste une sorte de bonne à tout faire qui analyse les matières premières, surveille les contremaîtres et s'occupe d'une foule de besognes étrangères à la chimie. Ceci peut encore se comprendre lorsqu'il s'agit d'entreprises anciennes ayant un caractère plus industriel que scientifique comme c'est le cas des huileries, des brasseries. etc. Mais, en ce qui concerne les industries organiques, un laboratoire de recherches est une condition indispensable de progrès et de prospérité ; c'est là que le chimiste spécialisé peut rendre de véritables services. Les Allemands l'ont admirablement compris, n'hésitant pas à sacrifier des millions pour la mise au point d'une fabrication, tandis que chez nous on préfère acheter les procédés finis, qui ont fait leurs preuves ailleurs. C'est une économie bien illusoire. La découverte de l'indigo synthétique coûta peut-être très cher à la Badische-Anilin, mais celle-ci a largement retrouvé ses dépenses puisqu'elle fabrique annuellement pour plus de 25 millions de ce produit. Il semble donc qu'au point de vue industriel, la conception d'un laboratoire de recherches, malgré les frais qu'il entraîne, est une solution plus avantageuse que d'acheter des procédés tout faits. D'ailleurs, il peut arriver qu'un procédé qui a fait ses preuves à l'étranger ne convienne pas à notre industrie par suite de circonstances particulières : prix du combustible, matières premières ou main-d'œuvre trop élevée. Enfin, il y a quelque chose d'humiliant pour la France à rester ainsi toujours à la remorque des réalisations étrangères, d'autant plus que souvent l'idée première est d'origine purement française. Ceci nous amène à regretter la cloison étanche qui existe chez nous entre l'industriel et le savant; si l'industriel n'encourage pas les chercheurs, s'il estime qu'entretenir un laboratoire est une dépense superflue, le savant, de son côté, demeure « dans une tour d'ivoire » et ne fait rien pour que l'industrie puisse profiter de ses découvertes ; il affecte un certain mépris pour les biens de ce monde et tient à honneur de mourir pauvre. Le résultat est qu'en France, les industriels voyant nos savants uniquement préoccupés de travaux spéculatifs et dédaigneux de l'application, les ont considérés comme des êtres mystérieux, doux et innocents, vivant dans un rêve qu'ils n'avaient aucune raison de troubler ! Et cependant, quel gain résulterait d'une union intelligente de la science et de l'industrie ; on ne peut juger de la valeur d'une invention que par son application industrielle qui elle-même fait souvent surgir de nouvelles découvertes; la guerre a permis de réaliser, dans cet ordre d'idées, de véritables progrès, et les nouvelles tendances ont trouvé leur expression symbolique dans la création à l'Académie des Sciences d'une section spéciale des « applications des sciences à l'industrie ». Les mêmes préoccupations ont provoqué la fondation de la Société de Chimie industrielle ainsi que la création d'un Office national des Recherches scientifiques. Mais ce qu'il faudrait obtenir, c'est un mouvement profond de l'opinion en faveur des savants et de la science.

La chimie n'a pas dans l'esprit public le prestige auquel elle a droit; dans l'industrie, le chimiste a souvent une situation précaire ; il n'occupe pas son véritable rang et cette injustice, peut-être moins caractérisée à Lyon que dans le reste de la France, est un fait très regrettable. Il est incontestable que dans les usines françaises le rôle primordial revient aux ingénieurs et les chimistes ne sont que leurs sous-ordres. Dans les usines suisses et allemandes, c'est l'inverse, et l'ingénieur n'est qu'un collaborateur chargé de l'exécution des réactions sur une échelle industrielle. C'est la conséquence naturelle de cette conception germanique qui fait du laboratoire de recherches le cœur véritable de l'entreprise. Les grandes fabriques de matières colorantes occupent ainsi de deux à trois cents chimistes divisés en plusieurs groupes. Chaque groupe s'occupe d'une famille de produits et acquiert dans sa spécialité une compétence remarquable. On peut se demander si, dans notre pays, avec un nombre moindre de spécialistes, nous n'obtiendrions pas des résultats supérieurs. C'est possible étant donné l'esprit inventif des Français, bien que, en ce qui concerne les matières colorantes, il importe surtout de faire un nombre considérable d'essais, d'expériences. La patience servie par le hasard réalise parfois davantage que la science, et selon la parole profonde de Claude Bernard « en matière d'expérimentation on peut plus que l'on ne sait ».

Quoi qu'il en soit, nos industriels devraient se grouper pour avoir en commun des laboratoires bien organisés avec des chimistes compétents. Cette solution créerait, entre diverses industries chimiques, un lien extrêmement précieux. On a songé également, pour réduire la dépense, à faire appel à des ingénieurs femmes spécialisées en chimie. Certes, c'est l'activité industrielle qui convient le mieux au sexe faible, le travail de laboratoire est peu pénible, nécessite de la patience, de l'intelligence, mais aucune de ces qualités de commandement qui manquent généralement à la femme. Pendant la guerre, les usines employèrent beaucoup d'ouvrières et ce sont ces dernières qui demandèrent pourquoi elles étaient admises aux emplois inférieurs et pas aux postes de choix. C'est alors que le Gouvernement autorisa l'entrée des étudiantes dans plusieurs grandes écoles, et c'est ainsi que furent formées quelques chimistes qui pénétrèrent dans l'industrie. Cependant l'emploi plus étendu de la main-d'œuvre féminine n'est pas à souhaiter, cela augmenterait encore le nombre des unions stériles dans notre France déjà dépeuplée et présenterait de graves dangers d'ordre moral et social.

Quoi qu'il en soit, pour obtenir un résultat, il est nécessaire d'installer les laboratoires d'une manière parfaite, surtout ne pas hésiter à faire appel à des chimistes de valeur et, pour atteindre ce but, il est essentiel de leur faire une situation honorable et de les intéresser à leur travail. Nous abordons là un problème délicat très mal résolu jusqu'à ce jour en France; c'est celui de la participation de l'inventeur aux bénéfices d'une découverte.

Le chimiste de laboratoire n'est pas seulement destiné à rechercher un meilleur rendement des réactions afin de diminuer le prix de revient, il doit effectuer des recherches en vue de découvrir soit de nouveaux corps, soit de nouveaux procédés. S'il y parvient, dans quelle proportion doit-il être récompensé de son succès? Telle est la question qui se pose, et pour la résoudre voyons d'abord quel est le mérite d'une découverte chimique. Le hasard joue certainement un rôle, et l'invention de la mauvéïne par Perkin, de la fuschine par Verguin, du violet de Paris par Lauth est due certainement à des coïncidences heureuses, maintenant de plus en plus rares. On a pu comparer l'industrie des colorants à une mine d'or : Au début, il suffisait de se baisser pour ramasser les pépites, aujourd'hui il faut manipuler des tonnes de sable pour trouver quelques grains du métal précieux.

De toute manière, le hasard ne suffit pas, le chimiste intelligent doit savoir discerner l'intérêt industriel que peut présenter telle ou telle réaction; en matière de chimie, on trouve tous les degrés dans l'invention : Découvrir un corps nouveau par des moyens nouveaux, c'est une œuvre originale, mais prendre une méthode de synthèse déjà expérimentée sur une série de corps et l'appliquer à une série analogue pour obtenir d'autres produits, c'est une simple transposition ; utiliser une découverte scientifique connue pour lui donner un caractère industriel, c'est une interprétation. Enfin, ces inventions de qualités diverses peuvent elles-mêmes être le fruit d'un travail collectif. Dans certaines usines allemandes, trente chimistes peuvent travailler un an sur le même corps et le résultat présente alors un caractère anonyme. Ce sont là des nuances très difficiles à déterminer et c'est peut-être la raison qui fait adopter en Allemagne une solution catégorique : Payer largement les chimistes, ce qui permet d'avoir des chercheurs de valeur, souvent de véritables savants, mais revendiquer par contre toutes les inventions, quelles qu'elles soient, comme propriété de la maison, qui se réserve la pleine liberté de distribuer à son gré gratifications ou participations, selon l'avenir industriel des découvertes. La solution française consiste à donner aux chimistes un salaire de misère jusqu'au jour où ils réalisent une première invention et, même alors, il n'est pas très certain qu'ils retirent grand bénéfice de leur travail puisque, selon la loi, c'est la Société qui prend le brevet. Malgré cela, les employeurs comme les employés réprouvent la pratique germanique; notre pays aime avant tout la liberté et ne comprend pas facilement ces brigades de chimistes qui font des inventions au pas cadencé. Cependant les résultats sont là pour prouver que c'est la véritable méthode et il y a beaucoup à faire chez nous pour améliorer les rapports entre l'industriel et l'inventeur. Il faut penser que sans les facilités matérielles, la possibilité de faire des essais, le laboratoire bien installé, le chimiste serait souvent incapable de réaliser personnellement ses inventions et l'usine, par cela même, acquiert un droit de participation sur les découvertes qu'elle a, en somme, commanditées. Au point de vue matériel, il est donc compréhensible que l'usine ait la propriété du brevet surtout si elle prend l'initiative de faire participer l'inventeur aux bénéfices. Mais au point de vue moral, il devrait être convenu que le nom du chimiste figurât dans le texte comme auteur de l'invention; c'est une satisfaction d'amour-propre qu'il ne faut pas hésiter à lui donner. Selon les strictes prescriptions de la loi, une telle disposition peut vicier la validité du brevet, mais il n'est pas certain que cette thèse soit admise par un tribunal. Elle est, en tout cas, profondément injuste et appelle s'il est nécessaire une réforme législative. C'est en négligeant ainsi de légitimes susceptibilités morales que l'on décourage souvent, dans notre pays, les bonnes volontés les plus sincères. D'ailleurs, le fait de publier le nom de l'inventeur lui créera une certaine renommée; la maison tiendra à le conserver en améliorant sa situation, afin qu'il ne cède à des sollicitations plus avantageuses. La participation morale entraînerait ainsi, tout naturellement, une participation matérielle.

Comme conclusion à cette étude du personnel technique, nous pouvons dire que les écoles françaises préparent d'excellents ingénieurs-chimistes et que le jour où les industriels se décideront à leur faire la situation qu'ils méritent et à utiliser judicieusement leur activité, il n'y a aucune raison pour que nous demeurions à la remorque des réalisations étrangères.

2° Le personnel ouvrier.

L'industrie chimique nécessite un personnel ouvrier assez important et bien distinct du précédent. Nous insistons tout de suite sur ce fait qu'il n'y a pas besoin d'un chimiste pour surveiller une fabrication toujours semblable à elle-même; c'est le rôle d'un vieil ouvrier ou d'un contremaître. De même que pour faire éternellement, dans un laboratoire, des analyses identiques, par exemple pour l'essai des matières premières, il est ridicule d'employer un savant. Hélas, ces principes qui semblent évidents ont été très mal compris par les industriels de la région lyonnaise et de la France entière. Beaucoup d'entre eux s'imaginent que seul un chimiste peut manipuler des éprouvettes et des ballons. Cette conception est très fâcheuse; en réalité le chimiste doit être l'âme dirigeante et il est nécessaire, pour ne pas perdre un temps précieux, qu'il ait de nombreux aides au laboratoire comme à l'usine. Ces aides seront d'ailleurs de simples manœuvres, parfaitement ignorants, mais qui seront accoutumés à réaliser les mêmes gestes avec régularité et exactitude. Il n'y a pas besoin d'être sorcier pour lire un chiffre sur un thermomètre ou pour ouvrir un robinet. Les Allemands, il nous faut, hélas, encore parler d'eux, ont admirablement compris cette nécessité dans l'industrie chimique, d'avoir, d'une part, un personnel dirigeant de premier ordre, ayant une réelle compétence technique et, d'autre part, une main-d'œuvre sans originalité, reproduisant chaque jour le tour de main de la veille et dont la principale qualité doit être la discipline. L'industrie chimique allemande se constitua ainsi vers 1860, avec une simple armée de tâcherons venus des campagnes. La culture des champs ne parvenant plus à les nourrir, ils arrivaient ainsi dans les villes, prêts à n'importe quelle besogne. Les plus courageux partirent pour l'Amérique; les autres acceptèrent la discipline des cités ouvrières de la Badische-Anilin ou de Léopold Casella. C'étaient donc de simples paysans, sans aucune culture intellectuelle, dépourvus de tout sens critique, obéissant aveuglément aux ordres des chimistes, leurs chefs. La science et la discipline réalisèrent ainsi le miraculeux développement de l'industrie chimique allemande. Pas de traditions gênantes, pas de secrets passés de père en fils, pas de cette science de contremaître qui, pire que l'ignorance, engendre la routine ; mais, d'une part, une élite de chefs éclairés et, d'autre part, une armée de manœuvres sachant obéir.

Peut-être plus en chimie que dans aucune autre branche de l'industrie, la demi-science est une chose impossible dont l'illusion est néfaste. Les industries mécaniques et même électriques sont plus tangibles, le contremaître peut parvenir à une réelle compréhension; en matière de chimie, rien de semblable; le pas est infranchissable pour celui qui n'a pas, dans sa jeunesse, fait des études spéciales. Aussi existe-t-il peu de cours professionnels à l'usage des ouvriers qui, d'ailleurs, se rendent parfaitement compte que le côté scientifique de la fabrication est inaccessible pour eux. Au contraire, une éducation spécialisée concernant la marche des appareils, la manipulation de laboratoire, la nomenclature et l'aspect des différents corps peut avoir une réelle utilité. Nous touchons là à un très grave problème, celui de l'éducation ouvrière : Tout homme a le droit de recevoir dans son enfance de solides enseignements concernant le langage et le calcul. C'est ce que réalise parfaitement l'école primaire. Il serait même désirable de voir tout enfant, quelle que soit sa condition, débuter ainsi ses études. Nous ne disons pas cela par souci d'égalité, mais bien parce que, à notre sens, l'instruction primaire est la meilleure pour la première enfance; elle ne cherche pas à s'adresser à une intelligence encore non formée mais s'applique à laisser dans la mémoire l'empreinte fortement marquée de quelques principes qui, plus tard, seront aussi utiles à l'étudiant qu'à l'ouvrier.

Pour celui qui de bonne heure est obligé de travailler dans une usine, le rôle de l'instruction est-il terminé? Non, car alors le but à poursuivre est de permettre à l'ouvrier de faire chaque jour mieux son travail. Il s'agit donc d'instruction spécialisée et purement pratique. Les usines auraient un véritable avantage à favoriser cette éducation professionnelle qui remplacerait, dans une certaine mesure, l'apprentissage malheureusement disparu. Nous pouvons citer une très heureuse initiative lyonnaise dans cette voie;

les différents teinturiers de la ville se sont groupés, en 1920, pour créer des cours de perfectionnement qui compléteront pour les ouvriers les connaissances acquises à l'usine. Mais encore une fois, si l'on veut organiser utilement un tel enseignement, il s'agit uniquement, par des conseils pratiques, d'aider l'ouvrier à réaliser son travail. Ainsi, en ce qui concerne la chimie, lui apprendre le maniement des appareils, la lecture des températures et des pressions, lui donner des précisions sur la marche des fours et leur nettoyage, voilà des choses utiles. Par contre, vouloir lui montrer comment les corps réagissent entre eux, c'est une œuvre inutile et dangereuse: Inutile parce que jamais il ne pourra comprendre réellement les phénomènes chimiques d'une fabrication et d'ailleurs ce n'est pas son rôle; dangereuse, parce qu'une telle éducation lui donne la fâcheuse tendance de discuter les ordres de ses chefs. La vulgarisation n'a jamais fait de savants mais souvent des aigris et surtout des malheureux. Tout homme obéit facilement lorsqu'il admet la supériorité de celui qui commande, mais s'il se croit l'égal de son chef, le moindre travail lui devient pénible. Ceci est particulièrement vrai en France où le travailleur réfléchit davantage et n'admet qu'une discipline logique. Or, pour le bonheur même de la classe ouvrière et pour la prospérité de l'industrie une estime mutuelle est indispensable. D'ailleurs, le temps n'est plus où les patrons profitaient seuls des bénéfices et c'est l'intérêt de la classe laborieuse de rendre florissante l'industrie qui la fait vivre.

3° **Les œuvres de prévoyance.**

Les initiatives heureuses de la part du patronat sont une preuve de bonté; elles sont également la meilleure assurance contre les désordres et les grèves.

Plus une Société est puissante, plus il lui est facile de contribuer aux œuvres de prévoyance dont nous avons quelques beaux exemples dans la région lyonnaise. La Compagnie de St-Gobain entretient un médecin auprès de chacune de ses usines. Les soins, ainsi que les médicaments, sont gratuits pour les employés, ouvriers et leurs familles. Des logements à prix réduits sont mis à la disposition de la main-d'œuvre ouvrière qui jouit, en outre, de nombreux avantages; elle reçoit des indemnités en cas de maladie ou de période militaire. D'autre part, une retraite, purement gratuite, est assurée aux employés après vingt-cinq ans de service et soixante ans d'âge et aux ouvriers après vingt-cinq ans de service et cinquante-cinq ans d'âge. Cette retraite est calculée d'après les appointements des six dernières années et la mise en vigueur des retraites ouvrières n'a pas modifié cette façon de faire. La Compagnie donne aussi des secours extraordinaires aux familles dans le besoin; elle s'occupe de l'instruction des enfants et subventionne les sociétés de musique, de tir, de gymnastique, si bien que son personnel lui demeure très attaché.

La Compagnie du gaz de Lyon nous montre un remarquable exemple d'union entre le personnel et la direction. Cette bonne entente est, en grande partie, la conséquence de la guerre durant laquelle la Société ne cessa de venir en aide aux soldats, aux prisonniers, aux familles des mobilisés, sans perdre de vue le bien-être des employés demeurés civils. Le conseil d'administration fit toujours preuve d'un grand esprit d'équité, accordant aux employés une remise sur l'éclairage, organisant les soins gratuits et sachant proportionner les salaires aux difficultés croissantes de l'existence.

Après l'armistice, dans un élan de reconnaissance, les employés, au nombre de 1,200, se réunirent pour offrir à la direction un magnifique bronze qui figure à la place d'honneur dans la salle des délibérations. En remerciement il fut donné à chaque employé une montre souvenir. Depuis lors, cette cordiale entente n'a fait que s'affermir par la

création d'une Union sportive et musicale à laquelle partici-
pent les administrateurs, les ingénieurs et les employés.
Actuellement des maisons ouvrières sont à l'étude et, en
ce qui concerne les retraites, la Compagnie vient d'organiser une caisse de prévoyance dont nous allons indiquer
le fonctionnement : La loi sur les retraites ouvrières stipule
la participation à taux égal du patron et de l'employé et
fixe à cinquante-cinq ans au moins l'âge de la retraite. Or,
le cas d'une infirmité prématurée n'a pas été prévu, si bien
qu'un employé frappé d'incapacité de travail avant l'âge de
cinquante-cinq ans peut rester un certain temps sans recevoir aucun secours. Pour éviter un tel risque, la Compagnie
divise en deux parts les sommes destinées aux retraites :
l'une est versée à la Caisse nationale et l'autre à une caisse
de prévoyance pouvant, le cas échéant, servir une rente
avant l'âge de cinquante-cinq ans.

D'autres sociétés lyonnaises se sont également occupées
d'œuvres sociales. La Société Coignet, la Stéarinerie et la
Savonnerie, ont organisé des sociétés de secours mutuels,
mais il ne faut pas croire que les entreprises individuelles
sont demeurées en arrière. Nous pouvons citer M. Guimet,
qui fit construire des maisons ouvrières, accorda des pen-
sions de retraites et subventionna les œuvres post-scolaires
et la société de secours mutuels. Pour ces œuvres de prévoyance, il serait désirable de voir se grouper les industriels
d'une même branche d'activité. C'est ainsi que les teinturiers de la région lyonnaise ont réuni leurs efforts pour
créer une caisse d'allocations familiales qui fonctionne dans
des conditions excellentes ; une somme considérable a été
répartie pendant l'année, avec des frais d'administration
insignifiants ne dépassant pas 3 p. 100. Quoi qu'il en soit,
tous ces exemples sont très encourageants et contribuent à
faire régner, entre la main-d'œuvre et les industriels, une
cordiale entente.

Dans le domaine de la teinture, signalons tout particulièrement la maison Gillet et fils, qui fut une des premières, à Lyon, à se préoccuper d'œuvres de prévoyance. Bien avant la création de cours professionnels, elle avait déjà institué des écoles d'apprentis avec une section pour chaque atelier et une école ménagère où l'on donnait aux jeunes filles des notions de cuisine, de comptabilité domestique, de blanchissage et de couture. MM. Gillet ont toujours fait preuve d'une grande bienveillance vis-à-vis de leur personnel, distribuant en gratifications une part importante des bénéfices, organisant une caisse d'épargne, une salle d'asile, une pouponnière, donnant ainsi un très bel exemple d'initiative patronale.

4° Les œuvres d'hygiène.

Dans ce domaine, de très grands progrès ont été réalisés en vue du bien-être et de la santé ouvrière. Ils furent inspirés parfois par un souci d'économie : C'est ainsi que le travail aux fours à pyrite, dans l'industrie de l'acide sulfurique, était très pénible avant l'installation des fours mécaniques ; un seul four nécessitait six ouvriers qui devaient remuer sans cesse le minerai incandescent à l'aide de ringards, ceci dans une atmosphère suffocante. Aujourd'hui, un seul ouvrier surveille un four mécanique dans des conditions d'hygiène parfaites. En ce qui concerne les poussières et les fumées, de grands progrès ont été faits; dans plusieurs industries on les absorbe par le vide.

A la tête de ce mouvement nous trouvons encore la Compagnie de Saint-Gobain, dont les procédés d'assainissement pour la fabrication du superphosphate ont été pris pour exemple et imposés aux autres industriels. Dans les ateliers toutes les précautions sont prises pour éviter les accidents, les règlements administratifs sont observés scrupuleusement et même amplifiés. M. Guimet a fait pour ses usines des constructions vastes et aérées. La Société Coignet, la

Stéarinerie Lyonnaise et la plupart des autres usines chimiques de la région ont scrupuleusement suivi les règles d'hygiène en réalisant l'absorption des poussières et des vapeurs. D'ailleurs les bonnes conditions de travail, ainsi que le bon éclairage, augmentent sensiblement le rendement. Dans l'ensemble, la condition des ouvriers s'est bien améliorée depuis quelques années, faisant naître entre les classes laborieuses et les classes dirigeantes un esprit de solidarité qui contribuera certainement à la prospérité de notre industrie chimique lyonnaise.

CONCLUSION

Cette étude de l'industrie chimique lyonnaise nous a conduit à examiner la plupart des branches de la chimie, ce qui nous permet d'indiquer plusieurs faits en matière de conclusion :

D'abord la nécessité absolue pour un pays d'avoir une industrie chimique prospère ; ensuite, l'utilité de réaliser en France certaines réformes pour atteindre ce but ; enfin, une vue d'ensemble sur les industries chimiques lyonnaises permet de distinguer celles qui sont destinées à s'éteindre, celles qui doivent se développer et celles qui restent à créer. Examinons ces trois points de vue avec quelques détails.

1° Nécessité de la prospérité chimique pour un pays.

La guerre nous a suffisamment prouvé les services que cette branche industrielle peut rendre à la Patrie en pareil cas. La moindre usine de produits chimiques est susceptible en quelques jours d'être transformée en poudrerie et certains procédés de fabrication sont pour un pays plus précieux qu'une armée nombreuse. Rappelons que si l'Allemagne, bloquée, privée des nitrates du Chili, n'eût pas réussi à produire en abondance, en partant de l'azote et de l'oxygène de l'air, l'acide nitrique nécessaire à la fabrication des poudres et explosifs, la guerre n'eût duré que quelques semaines. C'est encore grâce à la chimie que, lorsque le coton fut déclaré contrebande de guerre, les Allemands réussirent à le remplacer par la pâte de bois pour la fabrication des poudres sans fumée. Ce sont là des exemples caractéristiques, et dans les guerres futures, encore bien davantage, c'est sur le terrain chimique que se décidera la victoire. Mais durant la paix, la prospérité de la chimie industrielle présente une importance tout aussi grande ; actuellement la France est encore obligée d'importer, chaque année, des quantités considérables de blé, c'est une lourde charge en raison surtout de notre change déprécié. Développons l'industrie chimique des engrais, vulgarisons leur emploi dans nos campagnes; alors le rendement de la culture augmentera et bientôt ce sera notre tour d'envoyer à l'étranger l'excédent de notre production.

Ainsi la chimie provoque la richesse agricole qui est à la base de toutes les richesses. De plus, elle est un stimulant pour nos mines dont elle transforme les minerais, pour nos colonies dont elle utilise les produits; elle alimente les industries les plus diverses et, comme nous l'avons vu pour la région lyonnaise, toutes ces fabrications, plus ou moins parentes, font la richesse industrielle de toute une contrée. La prospérité chimique est donc un bienfait en temps de paix et une nécessité en temps de guerre. Aussi doit-on tout mettre en œuvre pour faciliter l'essor de cette branche industrielle.

2° Réformes qui seraient favorables au développement de l'industrie.

Les chimistes.

Nous avons vu qu'il existe en France et particulièrement à Lyon d'excellentes écoles spécialisées, possédant de beaux laboratoires et de bons professeurs. La seule chose que l'on puisse dire c'est que les examens d'entrée à ces écoles ne sont pas toujours assez sévères. On peut s'étonner également de ce que dans nos grandes écoles françaises comme Centrale et Polytechnique, la spécialisation en chimie n'existe pour ainsi dire pas. Mais à cela on peut répondre que si les chimistes étaient mieux payés dans l'industrie, il y aurait davantage de candidats à ces écoles et par conséquent possibilité d'une sélection meilleure. Il existe d'ailleurs une source de chimistes de très grande valeur en France, c'est l'Ecole Normale et nous avons, dans la région lyonnaise, de nombreux exemples de normaliens ayant abandonné l'enseignement pour l'industrie.

Les industriels.

Ce sont les industriels les plus fautifs; leur esprit de routine, une fâcheuse compréhension de l'économie les ont fait reculer devant l'emploi de chimistes, si bien qu'avant la guerre, nous en avions à peine 300 en France, alors que l'Allemagne en possédait 35,000. Certes, les choses ont beaucoup changé et les grosses fabriques de produits chimiques se sont décidées à organiser des laboratoires de recherches. Mais en ce qui concerne les usines moyennes, il reste beaucoup à faire. Les industriels d'une même branche de production auraient le plus grand avantage à se grouper pour entretenir en commun un laboratoire. Il y aurait là des échanges de vue intéressants qui engendreraient de réels progrès. On peut ne pas être partisan des kartels et des trusts, mais il est, en revanche, tout aussi néfaste que les producteurs se considèrent comme des ennemis. Si le consommateur bénéficie de leur concurrence, l'industrie nationale et l'exportation en souffrent par contre beaucoup. Aussi est-il à souhaiter que l'union née de la guerre entre les industries s'accentue, chaque jour, pour aboutir à de véritables ententes commerciales. C'est grâce à de semblables accords que les usines peuvent se spécialiser, se partager les débouchés plutôt que de perdre le meilleur de leurs forces à lutter entre elles. Or, la spécialisation, la possibilité de produire en série permettent de diminuer le prix de revient, donc de vendre meilleur marché. N'oublions pas que, grâce à des méthodes analogues bien qu'inspirées par une discipline plus rigide, les kartels et les syndicats allemands ont créé une industrie nationale des produits chimiques maîtresse du marché mondial avant la guerre.

Au point de vue purement commercial, nos industriels ont également beaucoup à apprendre; ils oublient trop facilement, là comme ailleurs, que pour récolter il faut semer. Je me souviens, faisant mes études d'ingénieur à l'Ecole Centrale, avoir eu à faire un projet de turbine à vapeur. Pour me documenter, j'écrivis à quelques industriels, entre autres à une maison allemande, sans spécifier qu'il s'agissait pour moi d'un travail d'étude. Je reçus en réponse quelques prospectus plus ou moins détaillés ; quant à la maison allemande, elle m'envoya un technicien. Surpris et un peu confus de cette visite, je lui avouais qu'il n'était question que d'un projet d'étude, à quoi il me répondit très aimablement qu'il demeurait à mon entière disposition. Il nota les caractéristiques de la machine que l'on me demandait d'étudier et m'envoya, par la suite, de précieux renseignements. Si un jour, dans l'avenir, j'ai à formuler un avis concernant cette maison, je serai certainement influencé par ce souvenir. De semblables méthodes sont coûteuses, mais tôt ou tard elles portent leur fruit. Dans le même ordre d'idées, nous pouvons citer la tactique du Kalisyndicat qui fait effectuer — gratis — par ses bureaux de vente, l'analyse des terres qu'on lui soumet. C'est là une très grande habileté, car cela permet de fournir toujours un engrais approprié qui donnera pleine satisfaction. Le même syndicat allemand s'inquiète ensuite des résultats obtenus, en un mot il suit la marchandise livrée par lui. Notre industrie aurait beaucoup à gagner en s'inspirant de semblables méthodes, car nos représentants n'ont pas toujours les qualités commerciales indispensables de souplesse, d'habileté et d'humilité si remarquables chez le voyageur allemand, dont Prézioti a pu dire fort justement qu'il « s'agrippe à la place comme une huître à son rocher ». Mais ce qui manque surtout à notre représentant de commerce c'est la technique. Il faut qu'un voyageur puisse discuter un devis, déconseiller une fabrication, discerner sur quel point le concurrent conserve une supériorité et pouvoir ainsi guider de ses conseils la maison dont il dépend.

Les banques.

En ce qui concerne les banques, nous avons vu qu'il n'existe pas, dans la région lyonnaise, de véritable banque d'affaires, ni même de grande banque régionale servant de lien entre les diverses industries comme cela existe dans l'Est. Malgré tout, l'activité financière est très vivante à Lyon où les capitalistes ne manquent pas d'esprit d'initiative et viennent directement en aide aux industriels. D'une manière générale, en France il serait désirable de voir se constituer, sous l'égide des chambres de commerce et des chambres syndicales, un établissement qui donnerait son appui aux demandes de crédit industriel et commercial après les avoir examinées minutieusement. Il faut également espérer le développement des ramifications bancaires à l'étranger pour faciliter l'exportation. C'est grâce aux banques que l'industrie allemande a pu étendre son influence dans le monde entier. Nous avons vu, avant la guerre, la Deutsche Bank en Asie Mineure, la Disconto en Roumanie. Selon l'expression de Henri Hauser « la pieuvre allemande étendait partout ses tentacules ».

L'Etat.

Enfin, pour terminer ce chapitre, montrons quel doit être le rôle de l'Etat en matière d'industrie chimique. Son

devoir est de se tenir au courant du mouvement industriel
de manière à prévoir les réformes législatives nécessaires
et les réaliser en temps utile. La naissance d'une branche
d'activité nouvelle réclame souvent une réglementation nouvelle; de même, à la suite d'une découverte ou d'une transformation technique, telle ou telle prescription, parfaitement logique en son temps, peut devenir inutile et même
néfaste. Le devoir du législateur est de veiller à une
semblable évolution; il doit s'inspirer des conseils de techniciens et adapter nos lois aux conditions variables de la vie
industrielle. Ce rôle est très mal compris en France et il
nous faut déplorer bien des lenteurs pour créer comme pour
modifier. Nous en avons vu l'exemple en ce qui concerne
le gaz d'éclairage. Bien que depuis 1900, la teneur du gaz
en benzol, soit devenue absolument sans intérêt par suite
de l'emploi des manchons à incandescence qui utilisent le
pouvoir calorifique et non le pouvoir éclairant, aucune prescription législative n'est venue autoriser d'enfreindre les contrats anciens pour permettre la récupération du benzol. L'industrie de la distillation des goudrons, si prospère en
Allemagne, et qui sert de base à la fabrication des matières
colorantes, se trouva de ce fait paralysée dans notre pays.
Il fallut la guerre pour remédier à un tel état de chose.

Un second principe doit inspirer le législateur, c'est
l'intérêt général. Malheureusement, cette préoccupation
n'est pas en accord avec les soucis de la politique et beaucoup de nos institutions portent l'empreinte de l'esprit indi-
vidualiste de notre race. Sauvegarder la liberté et la
propriété de l'individu, même si le progrès industriel et la
prospérité nationale doivent en souffrir, telle est notre devise.
Certes, le danger en faisant naître, pendant la guerre, une
merveilleuse union a modifié cette conception, mais le
Français porte en lui un trop grand amour de l'indépen-
dance pour continuer à se soumettre à une discipline
nationale. Notre législation des brevets, tout particulière-

ment en ce qui concerne la chimie lyonnaise et les matières
colorantes, est la conséquence logique d'un tel état d'esprit.
Au lieu de breveter, comme en Allemagne, les procédés de
fabrication, nous brevetons, en France, les produits. Certes,
le petit inventeur se trouvera de la sorte parfaitement pro-
tégé et c'est bien en accord avec notre esprit démocratique.
Il pourra, en toute quiétude, fabriquer son produit sans
crainte qu'un voisin actif cherche à le concurrencer. A quoi
bon rechercher un procédé plus économique, plus industriel puisque le premier inventeur possède la propriété
exclusive du produit et que s'il ne consent pas à une
entente, il peut empêcher qu'on le fabrique même par des
moyens radicalement différents. Une telle conception est
la négation du progrès. Certains ont attribué à cette unique
cause notre infériorité chimique par rapport à l'Allemagne,
qui admet le brevet de procédé, ce qui conduit naturellement à rechercher les moyens les plus économiques pour
produire un corps. Certes, il y a une part de vérité, mais il
ne faut pas aller trop loin, et si nos législateurs se décident
à réaliser une loi nouvelle à ce sujet, c'est une solution
intermédiaire qu'il faut souhaiter : L'adoption d'un brevet
de procédé large qui engloberait les produits immédiats
obtenus, mais avec l'importante réserve que tout procédé
permettant d'obtenir le même résultat et présentant un
avantage d'ordre industriel ou économique serait considéré
comme une invention nouvelle.

L'Etat dispose encore d'autres moyens de faire progres-
ser notre industrie chimique : c'est d'encourager les savants
et de faciliter leurs travaux. Il faut, avant tout, les honorer
ainsi qu'ils le méritent, puis leur permettre de retirer un
gain de leurs recherches théoriques. Il a été question, le
mois dernier, d'un projet de loi préparé par M. Berthelémy
et concernant la propriété scientifique; il serait très souhai-
table de le voir aboutir, car il est inadmissible que les créa-
teurs d'une science ne profitent pas dans une certaine

mesure des applications qui en résultent, c'est une simple question de justice.

Enfin, il est une autre manière très active par laquelle l'État doit contribuer à la prospérité chimique du pays : c'est en donnant une aide directe aux industriels par la création, dans diverses branches, d'établissements analogues à la Condition des soies et surtout par des subventions permettant aux industries de traverser des périodes de croissance ou des périodes de crise. C'est indispensable pour certaines fabrications spécialisées qui nécessitent des travaux de recherches importants avant de réaliser le moindre bénéfice. Ainsi l'Allemagne, avant la guerre, accordait chaque année à la verrerie d'Iéna une subvention de 200,000 marks. C'est également très utile pour favoriser dans le pays la naissance d'une industrie qui existe déjà à l'étranger et lui aider à franchir les premières années, lourdes en frais d'études et en amortissements. Notre industrie lyonnaise des matières colorantes, qui a pris depuis la guerre un splendide développement, mériterait un semblable appui. Enfin, il est une dernière méthode pour faciliter nos industries nationales : C'est en pratiquant une judicieuse politique douanière. Mais il faut agir avec beaucoup de doigté. A la fin de la guerre, il a été fait, en matière de douane, un abus fâcheux des modifications de tarifs, par simple décret. Notre protectionnisme systématique a provoqué des représailles dont nos industries de luxe ont beaucoup souffert en 1920 et 1921. Aujourd'hui nous revenons à une politique plus saine qui est la véritable : celle des accords commerciaux et des concessions réciproques. Ces mesures de sagesse ont eu déjà leur sérieuse influence sur nos exportations.

En résumé, nous voyons que l'État a la possibilité et le devoir de contribuer au développement de notre industrie chimique et il est indispensable, pour éviter de fâcheuses erreurs, que nos parlementaires s'inspirent des avis de gens compétents. Nous pensons que la création au Conseil d'Etat d'une section technique, composée d'industriels, de commerçants et de financiers, préparerait utilement la besogne du Parlement pour adapter notre appareil législatif aux conditions nouvelles de l'industrie. Une telle assemblée composée de spécialistes permettrait d'espérer une œuvre logique et durable.

3° **Avenir des industries chimiques de la région lyonnaise.**

La situation actuelle, au sortir d'une longue crise, est redevenue meilleure.

1° Certaines industries, bien adaptées à notre région, répondant à des besoins réels, sont en bonne voie et peuvent prendre encore un grand développement, telles sont par exemple :

Les produits pour la charge, le blanchiment, l'apprêt des tissus;

Les colles et gélatines courantes;

Les phosphates d'os et dérivés du phosphore;

Les cires et cirages;

L'outremer artificiel;

Les industries photographiques, pharmaceutiques;

Les matières plastiques et soie artificielle;

Les parfums naturels et synthétiques.

2° Un certain nombre d'autres industries, suffisamment importantes dans le reste de la France, auraient besoin de se développer beaucoup plus dans la région lyonnaise. Ce sont :

Les nitrates, l'ammoniaque synthétique, la cyanamide;

Le noir de fumée, les encres, les peintures;

Le caoutchouc manufacturé.

3° Des sections importantes de l'industrie chimique sont

insuffisantes aussi bien dans toute la France que dans notre région :

Les produits de la distillation de la houille;
Les produits de la distillation du bois;
Les produits intermédiaires;
Les matières colorantes;
Les textiles artificiels;
La gélatine et les verres minces pour photographie.

4° Enfin, plusieurs productions principales de l'industrie chimique, dont notre région aurait besoin, ne peuvent être produites dans des conditions avantageuses par suite de facteurs économiques ou géographiques défavorables :

Le carbonate de soude;
L'acide chlorhydrique;
Le sulfate de cuivre;
L'huilerie et les graisses végétales comestibles;
La grosse savonnerie;
La féculerie et l'amidonnerie;
Les alcools industriels.

Tel est le bilan de l'industrie chimique lyonnaise à ce jour; il est dans l'ensemble fort satisfaisant. Lyon est le véritable cœur de la chimie française. Nous avons vu la variété de ses productions, l'activité de ses méthodes financières, tout en indiquant par quelles influences cette région industrielle peut devenir plus florissante encore. Son passé fait honneur à la France, il en sera de même de son avenir.

Vu : *Le Président,*
Germain MARTIN.

Vu : *Le Doyen,*
BERTHÉLEMY.

Vu et permis d'imprimer
Le Recteur de l'Académie de Paris,
P. APPELL.

www.ingramcontent.com/pod-product-compliance
Lightning Source LLC
LaVergne TN
LVHW020533060726

842525LV00004B/1161